Monika Rosenfellner

Brot von daheim

**Alte Getreidesorten
Lieblingsrezepte
Mühlengeheimnisse**

So viel Gutes steckt in mir: Wissen und Brot zum Glücklichsein

Inhalt

Von Körnern, Mehlen und Mühlengeheimnissen ...	4
Mein Sinn im Müllerinsein	6
Geteiltes Wissen einer Müllerin	8
Ein Zuhause für alle – über Mühlen	10
Ein Meer aus verschiedensten Körnern	12
Weizen │ Der Facettenreiche	13
Weichweizen │ Der Bindungsfähige	13
Dinkel │ Der Verträgliche	15
Einkorn │ Der Widerstandsfähige	15
Emmer │ Der Harte	15
Grünkern │ Der Unreife	16
Khorasanweizen │ Der Elastische	16
Hartweizen │ Der Bissige	17
Roggen │ Der Unkomplizierte	17
Hafer │ Der Muntermacher	18
Gerste │ Die Anpassungsfähige	19
Hirse │ Die Sonnenanbeterin	20
Buchweizen │ Der Gesundmacher	21
Mais │ Der Hochhinauswoller	22
Quinoa │ Die Distanzierte	22
Amarant │ Der Geerdete	22
Vom Winde verweht oder: Wie genmanipuliertes Getreide die Welt verändert	26
Sackgasse Hybridsorten	27
Vielfalt retten – indem wir sie aufessen	28
Weil wir die Vielseitigkeit lieben: Vom Korn zum Mehl	30
Jetzt aber: Ab in die Mühle!	31
Und dann: erst mal ablagern	32
Das kommt aus der Mühle: die Mahlerzeugnisse	33
Die ganz Groben: Schrote	33
Aus Liebe zu Brei und Nudeln: Dunst und Grieß	33
Feiner geht's nicht: Mehl	33
Gleiches Korn, anders gemahlen: Vollkornmehl	33
Was bleibt, ist die Schale: Kleie	34
Anderes Land, andere Mehle – Mehlsorten in Österreich, Deutschland und der Schweiz	35

Im siebten Sauerteighimmel!
Sauerteige zum Verlieben — 40

Der Klassiker | Sauerteig aus Roggen — 41
Der Liebliche | Sauerteig aus Weizen — 41
Der Fruchtige | Sauerteig aus Dinkel mit Apfel — 42
Der Feine | Sauerteig aus Dinkel — 44
Der Urige | Sauerteig aus Einkornvollkornmehl — 44
Der Bekömmliche | Sauerteig aus Gerste — 45
Der Glutenfreie | Sauerteig aus Buchweizen — 45
Nur nicht in die Tonne - was du mit übrig gebliebenem Sauerteig machen kannst — 46
- Keep cool! Sauerteig im Kühlschrank — 46
- Kälter geht's nicht: Sauerteig einfrieren — 46
- Wüstenverhältnisse: Sauerteig trocknen — 46

Mühlengeheimnisse
für richtig gutes Brot — 51

Aller Anfang ist nicht schwer - mit diesen Tipps — 51
Knetest du noch oder meditierst du schon: Über das Teigkneten — 54
Brotbacken leicht gemacht: mit diesen Utensilien — 59
Das kommt rein: die Zutaten — 60

Ran ans Brot – Lieblingsrezepte für Backanfängerinnen und Brotprofis — 62

So schnell kann's gehen – Einfache Brote für jeden Tag — 64
- Mühlenbrot — 65
- Dinkel-Buchweizenbrot — 67
- Reines Roggenbrot — 68
- Knuspriges Krustenbrot — 71
- Dinkel-Roggenbrot — 73
- Klassisches Bauernbrot — 75
- Schnelle Brötchen — 76
- Ratzfatz-Brot — 79
- Pfannenbrot — 81
- Topfenbrot (Quarkbrot) — 82
- Zwiebelbrot mit Kardamom — 85
- Vorschussbrot — 87

Wohlfühl-Brote – Rezepte für einen gesunden Körper — 88
- Basenbrot — 89
- Eiweißbrot — 91
- Fastenbrot — 92
- Glutenfreies Buchweizenbrot — 95
- Keimlingsbrot — 97
- Sechs-Körner-Brot — 99
- Saatenbrot — 100
- Hefefreies Haferbrot — 103
- Urkornbrot — 105
- Hanfbrot — 106

So gut, dass man sie teilen muss – Brot-Geschenke für dich und mich — 108
- Dinkelciabatta mit Rosmarin — 109
- Französisches Baguette — 111
- Uriges Gerstenbrot — 113
- Wellenbrot — 115
- Grillbrot — 116
- Dinkel-Gewürzbrot — 119
- Buchweizen-Blinis — 121
- Burger-Brötchen (mal anders) — 123
- Mühlviertler Kartoffelbrot — 125
- Housewarming-Brot — 127
- Wanderbrot — 128
- Steffis Ringbrot — 131

So schmeckt das Wochenende – Rezepte zum Glücklichsein — 132
- Buchweizenbrot mit Walnüssen — 133
- Dinkel-Kamutbaguette — 135
- Kräuterbrot — 137
- Kleiebrot mit Koriander — 138
- Gerstenbaguette — 140
- Sonntagsbrot — 143
- Roggen-Hafertoast — 145
- Sonnenkranz — 146
- Tiroler Bauernbrot — 149

Heute sind wir mutig – Rezepte für geübte Hände — 150
- Dinkeltoast — 151
- Kürbisbrot — 155
- Zweifarbiges Knopfbrot — 157
- Bestes Sauerteigbrot — 161
- Grahambrot — 163
- Saftiges Einkornbrot — 164
- Körnerbrot — 167

Hier geht es knusprig-informativ weiter: der Anhang — 168
- Jetzt ist es Zeit, Danke zu sagen — 169
- Alphabethisches Rezeptregister — 170
- Rezeptregister nach Teigen — 171
- Rosenfellner Brotbackschule — 172
- Literaturnachweis — 174
- Impressum — 175

Von Körnern, Mehlen und Mühlengeheimnissen

Alles Wissenswerte rund ums Getreide

Mein Sinn
im Müllerinsein

Hast du dir schon einmal Gedanken über die Bedeutung des Wortes „Getreide" gemacht? Nein? Dann lass es mich dir verraten: „Getreide" kommt aus dem Mittelhochdeutschen und bedeutet so viel wie „von der Erde getragen" - schön, oder? Als Müllerin habe ich jeden Tag mit diesen von der Erde getragenen Körnern zu tun - und zwar liebend gern!

Seinen Ursprung hat Getreide tausende Kilometer von uns entfernt im Nahen Osten, wo es bereits vor mehr als 10.000 Jahren angebaut wurde. In Mittel- und Westeuropa entwickelte sich der Anbau vor etwa 7.000 Jahren. Interessanterweise hat sich jede Hochkultur auf ihre eigene Getreidesorte spezialisiert: In Asien war es der Reis, in Amerika der Mais, in Afrika die Hirse - und in Europa war es bei den Römern der Weizen sowie bei den nordischen Völkern die Gerste und der Roggen. In Gräbern der alten Hochkulturen fand man Getreide als Opferbeigabe an die Götter. Und auch zu Ötzis Zeiten (ca. 3.200 v. Chr.) wusste man schon um die Nährkraft der Körner - im Magen der Gletschermumie fanden Wissenschaftler Nacktgerste und Emmer. Diese Beispiele zeigen, wie lange Getreide schon mit der Kultur und dem Speiseplan des Menschen verbunden ist.

Für die Vielfalt an Getreidesorten, die uns heute zur Verfügung steht, können wir dankbar sein. Egal, was aus Dinkel, Roggen und Co. zubereitet wird - es zaubert uns ein Lächeln ins Gesicht. Und diese Zufriedenheit, dieses gute Gefühl, etwas geschaffen zu haben, das Freude bereitet und schmeckt - ist nur einer von vielen Gründen, warum ich es liebe, Müllerin zu sein.

Als junges Mädchen war mir bereits klar, dass ich den Betrieb meiner Eltern übernehmen und Müllerin werden möchte. Das Arbeiten mit Getreide war für mich damals schon eine schöne Tätigkeit und ich war jedes Mal aufgeregt, wenn die frisch geernteten Körner zur Mühle gebracht wurden. Das bin ich übrigens heute immer noch. Diese Kraft, dieser wundervolle Duft und der Anspruch, gutes Getreide zu noch besserem Mehl zu vermahlen, machen mich zufrieden und stolz.

Ein gutes Gefühl: Das herrlich duftende Getreide in den Händen zu halten!

Geteiltes Wissen einer Müllerin

Nun bin ich aber nicht nur Müllerin, sondern auch leidenschaftliche Bäckerin. Diese Passion habe ich von meiner Mutter Stefanie geerbt, die früher unser Haus immer in ein nach frischem Brot duftendes Heim verwandelt hat. Sie hat mir so viel beigebracht, mein Talent gefördert und mich bestärkt, meiner Leidenschaft nachzugehen. Da ich ihr sehr dankbar dafür bin, habe ich ihr ein eigenes Rezept gewidmet: Steffis Ringbrot findest du auf Seite 131 in diesem Buch.

Ich werde oft gefragt, warum man Brot selbst backen sollte. Auf diese Frage gibt es nicht die eine richtige Antwort – jeder Mensch hat seine ganz persönlichen Gründe dafür. Sei es, weil kein guter Bäcker in der Nähe ist oder weil man nicht jede Getreidesorte verträgt. Oder einfach nur, weil einen das Rühren, Kneten und Teigspüren glücklich machen. Für mich sind es die Emotionen, die mit Selbstgebackenem auftauchen: ofenfrisches Brot erinnert mich an meine Heimat und Wurzeln; der köstliche Geburtstagskuchen an schöne Momente mit der Familie und beim Schlemmen der Weihnachtskekse fühle ich mich wieder wie ein Kind.

Wichtig ist mir auch das Teilen und das Zusammensein. Deshalb verrate ich dir hier meine Lieblingsrezepte. Egal, wie viel Erfahrung du mit Backen hast – in meinem Buch findest du passende Rezepte, damit du für dich und deine Lieben tolles Brot zubereiten kannst. Sollen es heute schnelle Brötchen sein (schau auf Seite 76)? Oder willst du dich am etwas schwierigeren Kürbisbrot (Seite 155) versuchen?

Bei den Rezepten siehst du auf den ersten Blick, welche Herausforderung dich erwartet:

 **e = einfach!**
Das schaffst du mit deiner linken Backhand!

 **e+ = etwas schwieriger!**
Aber du kriegst das bestimmt hin.

 **m = sei mutig!**
Spring über deinen Brotback-Schatten!

Was alle Rezepte gemeinsam haben: Sie schenken dir köstliches Brot und motivieren dich, noch mehr auszuprobieren: Neue, andere Mehlsorten zu kosten oder das erste Mal Sauerteig selbst anzusetzen – die weite Welt des Brotbackens steht dir offen.

Also: Ran an die Rührschüssel und starte gleich durch! Viel Spaß beim Kneten, Backen und natürlich Verkosten!

An diesen Farben kann ich mich eigentlich gar nicht sattsehen. Und wenn der Wind über das Feld streicht, ist es so, als würde man über ein Getreidemeer blicken und die Wellen rauschen hören.

Ein Zuhause für alle – über Mühlen

Die ersten Mühlen waren Handmühlen. Sie bestanden aus zwei Mahlsteinen, von denen der obere durch Muskelkraft gedreht werden musste. Das Mahlen auf diese Weise war sehr mühsam und auch nicht besonders ertragreich. Die Römer entwickelten deshalb Mühlen, bei denen die Steine mit Wasserkraft bewegt wurden. Heute sind Mahlsteine selten geworden – die meisten Betriebe setzen auf andere Mahlmaschinen (siehe Seite 30f). Der Geschmack und die Qualität von steinvermahlenem Mehl ist aber einzigartig – deshalb stellen wir bei uns in der Rosenfellner Mühle gewisse Mehle immer noch traditionell mit dem durch Wasserkraft angetriebenen Mahlstein her.

Seit 1350 wird in meiner Mühle in St. Peter in der Au im westlichen Niederösterreich Mehl hergestellt – damals war sie noch in adligem Besitz. Meine Familie übernahm 1932 die Mühle, als mein Großvater Stefan Rosenfellner diese erwarb. Gemeinsam mit meinem Vater baute er sie um, riss ab, erweiterte und erneuerte. Gleichzeitig mit der äußerlichen Veränderung baute er die „inneren Werte" der Mühle auf, indem er damals schon auf Nachhaltigkeit und die Verwendung von heimischem Getreide setzte und auf den Erhalt der Sortenvielfalt achtete. Diese Werte gab er auch an die nächsten Generationen weiter.

„Die Mühle hat besseres Recht als andere Häuser."

Graf, 497, 87

Mühlen und andere öffentliche Plätze, wie zum Beispiel das Haus des Richters oder Schmieden, standen früher unter sogenanntem „Königsfrieden". Sie waren ein geschützter Ort für Kranke, Pilgernde oder Priester, wenn diese ohne Waffen unterwegs und Hilfesuchende waren. Sobald eine Person die Türklinke einer Mühle drückte, durfte sie vom Herrscher oder seiner Gefolgschaft nicht mehr verhaftet werden.

In den 1990er-Jahren begannen meine Eltern Getreide aus biologischem Anbau zu verarbeiten. Damit leisteten sie wahre Pionierarbeit.

Ich führe weiter, was meine Großeltern und meine Eltern begonnen haben. Zwar musste die alte Wasserkraftanlage 2011 der Eisenbahn weichen, aber da mir saubere Energie sehr am Herzen liegt, ließ ich umgehend eine neue errichten. Unseren Mehrbedarf an Strom beziehen wir zu 100 % aus erneuerbarer Energie, wir arbeiten ressourcenschonend, setzen auf natürliche Verpackungen, transportieren wann immer möglich mit der Bahn, und unser Stapler fährt mit Elektroantrieb: mit diesen Maßnahmen möchten wir dazu beitragen, dass auch die nächste Generation unsere schöne Natur noch genießen kann.

Es ist ein gutes Gefühl, Getreide zu verarbeiten, das die Natur unterstützt und den Menschen als Lebensquelle dient. Umso mehr freut es mich, dass Brot und Gebäck heute wieder große Wertschätzung erhalten und dass nach dem Vorbild unserer Vorfahren gebacken wird.

Ein Meer
aus verschiedensten Körnern

Mehl ist gleich Mehl? Nicht wirklich. Oder hast du schon einmal probiert, Weizenmehl einfach durch Roggenmehl zu ersetzen? Tu es lieber nicht, das Ergebnis wäre alles andere als zufriedenstellend. Es macht einen Riesenunterschied, welches Mehl du zum Backen verwendest – jede Sorte hat nämlich ganz einzigartige Eigenschaften und mag beim Backen gern passende Gesellschaft (also Zutaten): Brot mit Roggenmehl benötigt zum Beispiel Sauerteig, um locker zu werden, und Dinkelmehl hat gern mehr Flüssigkeit als Weizenmehl. Wenn du gutes Brot mit verschiedenen Mehlen backen willst, musst du also als Erstes die unterschiedlichen Körner kennen, wissen, wie sie ticken und was sie brauchen. Der Eiweißgehalt (auch Kleber genannt) ist dabei ganz wichtig: je höher der Anteil, desto besser wird der Teig gebunden. Schauen wir uns das mal genauer an.

Tipps von der Müllerin

- Wenn bei einem Rezept keine bestimmte Mehlsorte angegeben ist (nur Mehl), nimmst du am besten Weizen- oder Dinkelmehl.
- Die Zutaten bestimmen die Qualität deines Brots. Verwende deshalb am besten Bio-Mehl.

Weizen

Schale (Kleie)
Fruchtschale
Bärtchen
Samenschale
Aleuronschicht
Mehlkörper (Endosperm)
Keimling

Darf ich vorstellen: ein unglaublich vielschichtiges Weizenkorn (Dinkel, Einkorn, Emmer).

Der Facettenreiche

Weizen wird weltweit am häufigsten angebaut. Durch den massiven Anbau werden andere Sorten wie Roggen, Hafer und Gerste in Europa, Mais in den USA oder Hirse in Afrika oftmals verdrängt.

Was heutzutage mit dem vielseitigen Korn gemacht wird, trägt wahrscheinlich zu seinem schlechter werdenden Ruf bei: Mit Weizen wird gehandelt, spekuliert und vor allen Dingen wird er sehr stark gezüchtet. Dass Getreide lange Zeit als Geschenk der Göttin Demeter an die Menschen galt, scheint vergessen zu sein. Deshalb freut es mich besonders, dass die Weizen-Ursorten Einkorn, Emmer und Dinkel in den letzten Jahren immer beliebter wurden und dass der Ruf von Getreide dadurch wieder ins rechte Licht gerückt wird.

Wenn er nicht überzüchtet ist, hat Weizen nämlich sehr gute Eigenschaften und ist unglaublich vielfältig. Kein anderes Getreide hat derart viele Ausprägungen und Sorten. Weichweizen, Dinkel, Einkorn, Grünkern, Emmer, Khorasanweizen, Hartweizen: All diese gesunden Sorten entstammen der Weizenfamilie.

Weichweizen

Der Bindungsfähige

Wenn wir im Alltag von Weizen sprechen, dann meinen wir eigentlich Weichweizen. Durch seinen hohen Kleberanteil ist Mehl aus diesem Korn perfekt zum Backen.

Der hohe Eiweißgehalt wurde durch intensive Züchtung erreicht. Diese hat auch dazu geführt, dass der Weizen von heute resistent gegen feuchtes Wetter und einfach anzubauen ist. So bringt er hohe Erträge. Klingt gut, oder? Ist es grundsätzlich auch. Nur sind die gesundheitlichen Aspekte bei der Überzüchtung auf der Strecke geblieben, weshalb Weichweizen heute schlechter verträglich ist als weniger „zurecht gezüchtete" Weizensorten wie beispielsweise Dinkel.

„Ich mach dich locker, Brot", sagt der Weichweizen.

Ein Meer aus verschiedensten Körnern

Wenn Weizen krank macht ...

Immer mehr Menschen leiden an einer Glutenunverträglichkeit (Zöliakie) oder an Weizensensitivität.

Zöliakie ist eine chronische Entzündung der Dünndarmschleimhaut, die durch eine Überempfindlichkeit gegen Bestandteile von Gluten ausgelöst wird. Die Krankheit ist noch nicht heilbar, und Menschen, die daran leiden, müssen ihr Leben lang auf glutenhaltige Lebensmittel verzichten. Symptome sind u.a. Müdigkeit, starke Bauchschmerzen und Verdauungsbeschwerden. Bei schwereren Krankheitsbildern können auch neurologische Störungen auftreten.

Eine Weizensensitivität verursacht ähnliche Symptome wie Zöliakie. Zu den Auslösern gibt es derzeit zwei Hypothesen: Verdächtigt werden auf der einen Seite sogenannte Alpha-Amylase-Trypsin-Inhibitoren (ATIs). ATIs sind natürliche Eiweiße, die in Weizen und anderen Getreidesorten enthalten sind. Die zweite Hypothese sieht bestimmte Kohlenhydrate als Auslöser: Fermentierbare Oligo-, Di- und Monosaccharide und Polyole (FODMAPs) kommen in Weizenprodukten vor, aber auch in anderen Lebensmitteln, wie z.B. Light-Produkten, Produkten mit Zuckerersatzstoffen oder bestimmten Obst- und Gemüsesorten. Interessant ist hier, dass bei Brot nicht nur die Zutaten den Anteil an FODMAPs beeinflussen, sondern auch die Art, wie der Teig zubereitet wurde. So hat die Universität Hohenheim herausgefunden, dass durch eine längere Teigführung die FODMAPs fast komplett eliminiert werden können. Hochwertige Zutaten und ein gut durchgebackenes Brot mit inaktiver Hefe sind weitere Faktoren, die dazu beitragen, alles, was uns schaden kann, zu minimieren und die wertvollen Nährstoffe zu erhalten. Bei der industriellen Brotherstellung wird oft nicht so sehr auf die gesundheitlichen Aspekte geachtet - Brote werden schnell und mit vielen Zusatzstoffen gebacken. Wer sein eigenes Brot bäckt, kann selbst entscheiden, was ins Brot kommt und wie es hergestellt wird.

Dinkel

Der Verträgliche

Dinkel wird seit einigen Jahren von vielen als Weichweizen-Ersatz verwendet – und das zu Recht! Denn seine Backeigenschaften sind ähnlich gut und er wird deutlich besser vertragen. Sein Mehl hat ein feines, nussiges Aroma und eine schöne, gelbliche Farbe. Am ursprünglichsten sind die Sorten ‚Ebners Rotkorn‘, ‚Ostro‘ und ‚Bauländer Spelz‘.

Mein Tipp, wenn du Weizenmehl durch Dinkelmehl ersetzen willst: Gib etwas mehr Flüssigkeit in den Teig, denn Dinkel ist durstig. Beim Kneten fühlt sich der Dinkelteig etwas weicher an.

„Was der Weichweizen kann, kann ich schon lang!", sagt der Dinkel.

Einkorn

Der Widerstandsfähige

Einkorn ist ein wahrer Überlebenskünstler: Anspruchslos und witterungsresistent wächst es selbst auf kargen und nährstoffarmen Böden. Einkorn ist eine Urform des Weizens und eine der ältesten domestizierten Getreidearten überhaupt.

Wenn du schon einmal Einkornmehl gekostet hast, weißt du, wie köstlich und einzigartig es schmeckt. Optisch verzaubert uns das Mehl mit seiner kräftigen gelben Farbe. Sein Eiweißgehalt ist zwar nicht ganz so hoch wie der von Weichweizen und Dinkel, doch die Backergebnisse können sich trotzdem sehen (und schmecken) lassen.

„Ich bin viel mehr als nur ein Korn!", sagt das Einkorn.

Emmer

Der Harte

Emmer ist neben Dinkel und Einkorn der Dritte im Bunde der Weizenurformen. Er hat das härteste Korn, deshalb braucht es in der Mühle mehr Kraft, um es zu vermahlen.

Emmermehl enthält weniger Eiweiß als seine Weizengenossen, deshalb eignet es sich nur in Maßen zum Backen. Wenn du Emmermehl in deinem Brot haben möchtest, kannst du, je nach Rezept, bis zu 30 % der anderen Mehlsorten durch Emmer- oder Emmervollkornmehl ersetzen. Sein würzig-aromatischer Geschmack macht sich in Brot sehr gut.

„Eine ganz schön harte Sache", sagt der Emmer.

Grünkern

Der Unreife

Grünkern ist eigentlich keine eigene Sorte, sondern Dinkel, der unreif (wenn er noch grün schimmert) geerntet und anschließend getrocknet wird. Die Legende besagt, dass Grünkern aus einer Not heraus „entstand": Das Wetter war schlecht, und die Bauern mussten die Dinkelernte vorzeitig einbringen. Damit die Körner im Lager nicht verderben würden, trockneten sie sie über Buchenholzfeuer. Das war die Geburtsstunde des Grünkerns.

Zum Brotbacken eignet sich Grünkern nicht wirklich. Dafür schmeckt er ausgezeichnet als Suppeneinlage, Laibchen oder als Beilage zu Gemüsegerichten. Wenn du Grünkern unbedingt in deinem Brot verbacken willst, empfehle ich dir, seinen Schrot zu verwenden.

„Wer ist hier grün hinter den Ähren?", empört sich der Grünkern.

Khorasanweizen

Der Elastische

Khorasanweizen stammt von Emmer ab und ist eine sehr alte Hartweizensorte. Vielleicht kennst du das Korn auch als Kamut. Das „Kamut" ist eigentlich eine patentierte Produktbezeichnung aus den USA. Die gute Bewerbung hat aber dafür gesorgt, dass sich der Begriff als Name für das Getreide eingebürgert hat.

Khorasanweizen wird hauptsächlich zu Mehl verarbeitet, teilweise auch zu Grieß. Das gelbliche Mehl überzeugt durch seinen feinen, milden Geschmack. Vollkornmehl aus Khorasanweizen schmeckt dagegen kräftiger und ist sehr bekömmlich.

„Namen kann ich mir eh nicht merken", sagt der Khorasanweizen/Kamut achselzuckend.

Resteverwertung macht gesund: Heilkräfte aus Getreideresten

Was bleibt übrig, wenn Weizen, Dinkel, Einkorn und Emmer vermahlen werden? Die Kleie. Sie ist aber alles andere als ein Abfallprodukt, enthält sie doch jede Menge Ballaststoffe und unterstützt damit perfekt unseren Darm.

Nicht vergessen: Viele Ballaststoffe brauchen viel Wasser! Ansonsten kann es schon mal zu Verstopfungen kommen.

Auch äußerlich angewendet wird der Kleie eine besondere Heilwirkung nachgesagt: Kleiebäder sollen die Haut bei Ekzemen unterstützen und eine reinigende Wirkung bei Akne haben.

Hartweizen

Der Bissige

Gleich wie Khorasanweizen hat sich auch Hartweizen aus Emmer entwickelt. Durch seine Kornhärte wird er vor allem für die Herstellung von Grieß eingesetzt. Pasta mit Grießanteil kann besonders gut al dente, also bissfest, gekocht werden. Brot macht feiner Hartweizengrieß wunderbar knusprig.

Je härter die Körner, desto mehr Grieß kann in der Mühle hergestellt werden. Harte Körner werden übrigens als „glasig" bezeichnet, weiche als „mehlig". Um die Härte einer Ernte festzustellen, werden im Mühlenlabor 100 Körner mit dem Kornschneider in der Mitte durchgeschnitten und die glasigen gezählt.

„Wenn's Biss haben soll, bin ich dein Getreide!", ruft der Hartweizen.

Roggen

Der Unkomplizierte

Roggen stellt keine besonderen Ansprüche an den Boden und wird selbst in 2000 Metern Seehöhe noch angebaut. Er liebt kühle Berghänge und viel Licht. Außerdem ist er von allen Getreidearten am wenigsten frostempfindlich: Er keimt sogar noch bei Bodentemperaturen von 2-4 °C. Zum Vergleich: Weizen wächst erst ab 4-5 °C und Mais erst ab 10 °C. Beim Ankeimen hat Roggen eine purpurfarbene Triebspitze, die nach ein paar Tagen leuchtend grün wird.

Das Roggenkorn ist relativ weich und wird deshalb beim Vermahlen etwas klebrig. Das Mehl ist sehr beliebt zum Brotbacken. Damit Roggenbrot schön locker wird, muss es mit Sauerteig gemacht werden - dann bleibt es auch sehr lange frisch. Wer den herzhaft würzigen Geschmack von Roggenmehl mag, kann es natürlich auch zum Kochen oder Backen verwenden.

„Mein bester Freund? Sauerteig natürlich!", ruft der Roggen unbeirrt.

Hafer

Alles Vollkornflocke, oder was?

Flocken als Vollkorn zu bezeichnen ist eigentlich unnötig, denn Flocken gibt es nur als Vollkorn-Variante. Alle Flocken werden aus dem vollen Korn hergestellt. Unterscheiden sollte man nur zwischen großen und kleinen Flocken (Kleinblattflocken). Kleine Flocken werden aus geschnittenen, vollen Körnern hergestellt.

Der Muntermacher

Hafer ist ein Korn voller Vitamine und Spurenelemente und besonders reich an Kalzium, Eisen, Magnesium und Fluor. Das Korn wächst nicht wie die anderen Getreidesorten in der Ähre, sondern wird von einer Rispe eingehüllt. Bei der Ernte fällt es normalerweise nicht aus der Spelze und ist damit vor Umwelteinflüssen geschützt (Ausnahme ist der Nackthafer, der bei der Ernte aus der Spelze fällt).

Eine weitere Besonderheit des Haferkorns ist seine Fettverteilung: Während bei den meisten Getreidesorten das Fett überwiegend im Keim steckt, findet man es bei Hafer im ganzen Korn. Deshalb kann er auch nicht so gut zu Mehl verarbeitet werden wie andere Getreidesorten. Wenn du selbst Hafermehl machen willst, nimmst du am besten Haferflocken und gibst sie löffelweise in den Mixer.

Hafer macht munter! Deshalb wird er gerne morgens im Müsli oder als Porridge gegessen. Hier heißt es aber auch: aufpassen. Menschen, die von Natur aus eher aufgedreht sind, sollten nur wenig Hafer zu sich nehmen. Bei sitzender, konzentrierter Arbeit macht uns Hafer unruhig. In solchen Situationen solltest du lieber auf andere Getreidesorten zurückgreifen (z.B. Gerste). Wenn du aktiver sein möchtest und Elan brauchst – also bei körperlicher Arbeit oder um Morgenmuffel aufzuwecken – ist Hafer genau das richtige Korn.

Auf unsere Verdauung wirkt Hafer anregend und schützend zugleich: die Ballaststoffe unterstützen die Darmperistaltik und die Schleimstoffe legen sich über die Darminnenwand und beugen Überreizung vor.

Hafer enthält keinen Kleber und eignet sich deshalb nur bedingt zum Backen. 30 % der angegebenen Mehlmenge können Hafermehl sein.

„Ich bin was für müde Knochen!", sagt der Hafer aufgedreht.

Gerste

Die Anpassungsfähige

Gerste ist die Anpassungskönigin unter den Getreiden. Sie wächst im tibetischen Himalaya genauso wie in tropischen Gefilden. Für unsere Gesundheit ist Gerste ein wahres Wunderkorn, denn sie reguliert nicht nur das Hungergefühl, sondern senkt durch ihr Beta-Glucan auch den Blutzuckerspiegel. Biertrinker, die sich jetzt zufrieden den Bauch streicheln, aufgepasst: Flüssige Gerste hat diese Wirkung nicht.

Gerste beruhigt außerdem die Schleimhäute im Magen-Darm-Bereich und stärkt das Bindegewebe. Bei Menschen, denen schnell heiß wird, wirkt sie kühlend, nervöse Kinder beruhigt sie.

Gleich wie beim Hafer fällt das Korn bei der Ernte nicht aus der Spelze (Ausnahme ist die Nacktgerste) und muss deshalb nach der Ernte geschält werden. Aus dem geschälten Korn wird die Rollgerste, auch Gerstengraupen genannt, hergestellt.

Bei uns in der Mühle vermahlen wir Gerste auf Stein zu Vollkornmehl. Wenn du Gerstenmehl zum Brotbacken verwenden möchtest, mischst du es am besten mit Weizen-, Roggen- oder Dinkelmehl, damit dein Brot Volumen bekommt.

Wir stellen in der Mühle auch Gerstenmalz her – das gibt dem Brot ein ganz besonderes Aroma. Dazu legen wir die Körner in Wasser ein, lassen sie ankeimen, rösten und trocknen sie und vermahlen sie anschließend zu Backmalz.

„Ganz ruhig", sagt die Gerste gechillt.

 ## Wunderwerk Steinvermahlung

Auf Stein vermahlenes Mehl scheint sehr positive Eigenschaften zu haben: Durch seine spezielle Feinheit kann es vom Körper leichter verdaut werden, und seine Inhaltsstoffe können besser aufgenommen werden. Auch bei der Sauerteigherstellung reagieren steinvermahlene Mehle anders, die Teige sind schneller reif und haben einen außergewöhnlichen Geschmack. Ich werde oft gefragt, warum Mehl nicht immer auf Stein vermahlen wird. Die Gründe dafür sind einfach: Erstens kann auf Stein nur eine verhältnismäßig sehr geringe Menge vermahlen werden. Und zweitens kann nur Vollkorn- und kein Auszugsmehl hergestellt werden.

Die **Rosenfellner Mühle** hatte immer schon einen Mahlstein. Als ich ein kleines Mädchen war, wurde noch ab und zu darauf gemahlen, danach stand er lange Zeit still. Als ich die Mühle übernommen habe, wollte ich den Stein unbedingt wieder einsetzen und tat alles Erforderliche, damit das auch gelingt. Für mich hat es fast etwas Meditatives zu beobachten, wie sich der Stein gemächlich im Kreis dreht und das Getreide langsam in den Mahlgang hineinrieselt.

Hirse

Die Sonnenanbeterin

„Hirse" kommt aus dem Indogermanischen und bedeutet so viel wie Sättigung, Nahrung, Nahrhaftigkeit. Das Getreide gibt es in vielen Varianten: von der Bluthirse über die Perlhirse bis zur Kolbenhirse. Für uns relevant sind die uralte Goldhirse und die Braunhirse. Diese Sorten haben in den letzten Jahren ein Comeback gefeiert und werden immer beliebter.

Hirse muss nach der Ernte entspelzt werden. Früher wurde das Korn aus der Spelze gestampft, heute wird das mit Schälmühlen wesentlich ertragreicher und schonender für das kleine Korn gemacht. Wenn die Spelze entfernt ist, strahlt das Korn in hellem Gelb - daher auch der Name Goldhirse. Die Schale (nicht zu verwechseln mit der Spelze) ist sehr dünn. Bei der Vermahlung wird sie deshalb einfach drangelassen. Aus diesem Grund ist Hirsemehl immer Vollkornmehl, auch wenn es nie so bezeichnet wird.

Das kleine Hirsekorn enthält von Natur aus kein Gluten, dafür aber jede Menge Eisen, Kalium, Magnesium, Kieselerde, essenzielle Aminosäuren und noch vieles mehr.

Beim Backen verhält sich Hirsemehl sehr speziell, deshalb empfehle ich dir, Hirsemehl nur zu verwenden, wenn das Rezept dafür entwickelt wurde. Grundsätzlich braucht das Mehl mehr Wasser als andere Getreidesorten und sollte aufgrund des fehlenden Klebers immer in Kombination mit anderen Mehlen eingesetzt werden.

Braunhirse ist bei uns eher unbekannt und wird nach der Ernte lediglich gereinigt und mit der harten Spelze vermahlen. Das enthaltene Silicium unterstützt unsere Haut, Haare, Nägel und Gelenke. Braunhirse wird gerne in Shakes, Salaten oder als Topping in Müslis, Joghurt oder Suppen verwendet. Wenn du mit Braunhirsemehl Brot backen möchtest, kannst du bis zu 10 % der Mehlmenge damit ersetzen.

„Kannst du meiner Farbe widerstehen?", fragt die Goldhirse strahlend.

Achtung: Kann Spuren von Gluten enthalten

Wenn man glutenfreies Getreide mahlt, erhält man glutenfreies Mehl. Das klingt logisch.

Ganz so einfach ist es aber leider nicht. Will man nämlich durch und durch glutenfreies Mehl produzieren, muss man in allen Herstellungsschritten sehr bedacht vorgehen: Das Getreide muss dann auch glutenfrei geerntet, gelagert, gereinigt und verpackt werden. Ansonst kann nicht garantiert werden, dass sich das Mehl nicht mit glutenhaltigem Getreide vermengt hat.

Buchweizen

Sein hübsches, pyramidenförmiges Korn versteckt sich nach der Ernte in einer dunkelbraunen Spelze. Die Kornfarbe reicht vom Grünlichen bis ins Bräunliche.

Der Buchweizen ist ein weiches Korn und wird, wie die Hirse, immer mit der Schale vermahlen (nicht zu verwechseln mit der dunkelbraunen Spelze!). Deshalb ist jedes Buchweizenmehl ein Vollkornmehl, auch wenn es nicht so bezeichnet wird. Mit dem passenden Rezept eignet es sich gut zum Backen.

„Nomen ist nicht Omen – mit dem Weizen hab ich nichts zu tun!", beschwert sich der Buchweizen.

Der Gesundmacher

Besonders gern wächst Buchweizen in kühleren Gegenden mit ausreichend Feuchtigkeit. Auch wenn sein Name es vermuten lassen würde: Mit Weizen hat der Buchweizen gar nichts zu tun. Er ist nämlich gar kein Getreide, sondern ein Knöterichgewächs. Buchweizen hat einen sehr geringen Kleberanteil und ist von Natur aus glutenfrei. Da er sich aber ähnlich wie andere Getreide verarbeiten lässt, wird er oft mit ihnen in einen Topf geworfen.

Buchweizen ist ein wahres Wunderkorn: Er wirkt antibiotisch, harntreibend, schlaffördernd, schleimlösend, antioxidativ, stärkt unser Immunsystem und ist ein natürlicher Blutdrucksenker. Und das sind nur ein paar seiner genialen Eigenschaften. Interessant ist auch sein Aussehen:

Ein Meer aus verschiedensten Körnern

Pseudogetreide

Mais

Quinoa

Amarant

Der Hochhinauswoller

Ursprünglich kommt Mais aus Mexiko. Er ist der Riese unter den Getreidepflanzen und kann bis zu 6 Meter hoch wachsen! Damit er so groß werden kann, braucht er einen nährstoffreichen Boden. Mais hat sehr viele Sorten: weißer Mais (wird hauptsächlich in Südamerika und Afrika angebaut), gelber Mais (hat sich in Europa durchgesetzt und wird häufig in der Tierfütterung eingesetzt), Zuckermais, Popcornmais und noch viele mehr. Schätzungen zufolge gibt es weltweit an die 50.000 Maissorten!

Das Maiskorn ist im Vergleich zu anderen Getreidekörnern sehr groß und hart. Damit es vermahlen werden kann, muss zuerst der Keim entfernt werden. Aus ihm wird das wertvolle Maiskeimöl gewonnen. Beim Brotbacken kann Maisgrieß zum Bestreuen oder das glutenfreie Maismehl verwendet werden.

„Ich bin so viel mehr als Popcorn und Cornflakes!", sagt der Mais.

Die Distanzierte

Quinoa ist eigentlich ein Fuchsschwanzgewächs und kein Getreide. Es gibt sehr viele verschiedene Arten, am bekanntesten sind die weiße, schwarze und rote Quinoa. Am schnellsten gekocht und am intensivsten im Geschmack ist dabei die weiße Quinoa. Sie sprießt am liebsten in den Andengebieten Südamerikas, in Europa mag sie wegen des Klimas nicht so recht wachsen. Das ist auch das Problem mit der Quinoa: auch wenn sie sehr wertvoll ist und viele tolle Inhaltsstoffe hat, so ist der weite Weg in unsere Regale doch sehr ressourcenintensiv.

Quinoa wird zwar auch zu Mehl verarbeitet, kann beim Brotbacken aber nur bedingt zum Einsatz kommen.

„Von weit her bin ich gekommen - schätze mich deshalb ganz besonders", fordert die Quinoa.

Der Geerdete

Wie Quinoa ist auch Amarant ein Fuchsschwanzgewächs aus Südamerika. Amarant schmeckt erdig und das macht ihn perfekt für pikante Gerichte und deftige Brote. Das Besondere an Amarant ist sein hoher Eisengehalt: mit 9 mg/100 g übertrifft er sogar den von Hirse (6,9 mg/100 g). Weil wir das spezielle Korn auch gern bei uns in Europa anbauen würden, haben Forscher lange einen Weg gesucht, um das zu ermöglichen - mit mäßigem Erfolg.

Amarant kann zu Mehl verarbeitet werden. Da er aber gleich wie Quinoa keinen Kleber enthält, eignet sich das Mehl nur bedingt zum Brotbacken.

„Ich mag es gerne deftig und pikant", sagte der Amarant.

Ein Meer aus verschiedensten Körnern

Mix & Match
Diese Mehlsorten lassen dein Brot aufgehen.

Mehl ist nicht gleich Mehl – ok, so viel haben wir verstanden. Aber welche Mehle kannst du mischen, ohne zu riskieren, dass dein Brot nicht aufgeht? Hier findest du einen Schummelzettel:

Bei den Hauptmehlsorten kannst du mixen, wie es dir gefällt. Einfach alle Mehlsorten, die du am liebsten magst oder aufbrauchen möchtest, zusammenmischen, bis die Waage die angegebene Mehlmenge anzeigt.

Die Spezialmehlsorten 1 sollten nicht mehr als 30 % der Gesamtmehlmenge ausmachen. Wenn das Rezept also 500 g Mehl enthält, solltest du nicht mehr als 150 g der Spezialmehlsorten einsetzen. Von den Spezialmehlsorten 2 solltest du nicht mehr als 10 % verwenden (also 50 g bei gesamt 500 g Mehl).

Hauptmehlsorten	Spezialmehlsorten 1	Spezialmehlsorten 2
helles Dinkelmehl	Emmermehl	Roggenmehl T 2500
Dinkelvollkornmehl	Emmervollkornmehl	Hirsemehl
Weizenmehl Type 480	Kamutmehl	Reismehl
Weizenmehl Type 700	Kamutvollkornmehl	Bohnenmehle
Weizenvollkornmehl	Hafermehl	Maismehl
Roggenmehl Type 960	Gerstenmehl	Buchweizenmehl
Roggenvollkornmehl	Weizenmehl T 1600	Mehl aus Hülsenfrüchten
Einkornmehl	Roggenmehl T 500	Mehl aus Nüssen
Einkornvollkornmehl		Amarantmehl
		Quinoamehl

Der Grundgedanke hinter der Genmanipulation war ein schöner: Sie sollte helfen, den Hunger in der Welt zu bekämpfen. Pflanzen sollten resistenter werden und länger leben. Doch die Umsetzung hat dazu geführt, dass sich die Pflanzenvielfalt drastisch verringert hat und die Böden verarmt sind.

Vom Winde verweht

oder:
Wie genmanipuliertes Getreide die Welt verändert

Die gute Nachricht zuerst: In Europa ist Genmanipulation nicht erlaubt. Auch in Zeiten, in denen intensiv an neuen Verfahren wie dem Genome Editing geforscht wird, bleibt Europa seinen Werten treu und achtet darauf, die natürliche Saatenvielfalt zu erhalten und die Weiterentwicklung der Natur zu überlassen.

Die schlechte Nachricht: Gentechnisch verändertes Getreide landet trotzdem schon seit Jahrzehnten indirekt auf unseren Tellern. Nämlich indem aus den USA, Südamerika und Indien tonnenweise gentechnisch veränderter Mais und Soja nach Europa kommen. Diese werden wiederum unseren Tieren gefüttert. Durch die fehlende Kennzeichnungspflicht auf Fleischprodukten weiß das der Konsument nur noch nicht.

Warum Gentechnik bedenklich ist, lässt sich ganz einfach erklären: Weder die „alte" Gentechnik (DNA-verändernde Technik) noch die „neue" Gentechnik (Genome Editing), auch nicht die Genschere oder was als „Grüne Gentechnik" bezeichnet wird, lassen Pflanzen gesünder wachsen oder den Boden nährstoffreicher werden. Da nützt es auch nichts, Gentechnik als grün zu bezeichnen, denn grün - im Sinne von bio oder gesund - ist daran nichts. Der Boden kann nur gesund bleiben und damit gesunde Pflanzen hervorbringen, wenn er natürlich bearbeitet wird, ein regelmäßiger Sortenwechsel stattfindet und wenn Wetter und Klima beim Anbau berücksichtigt werden.

Dass dennoch Gentechnik betrieben wird, liegt in der Verantwortung einer Handvoll großer Konzerne. Sie möchten mit ihren gentechnisch veränderten Saaten und Pestizidprodukten den Markt kontrollieren, indem sie bei den Landwirten eine Abhängigkeit erzeugen (siehe Seite 27 zu Hybridsorten). Bei den Getreiden betrifft das vor allem Mais, Soja und Reis in den Anbaugebieten der USA, Südamerika und Indien.

Ab 1. Januar 2022 müssen in den USA gentechnisch veränderte Produkte verpflichtend mit der Bezeichnung „bio-engineered" gekennzeichnet werden. Das gilt allerdings nicht für landwirtschaftliche Erzeugnisse, die durch „Genome Editing" manipuliert wurden. Grundsätzlich ist auch die Bezeichnung „bio-engineered" zu hinterfragen - wo

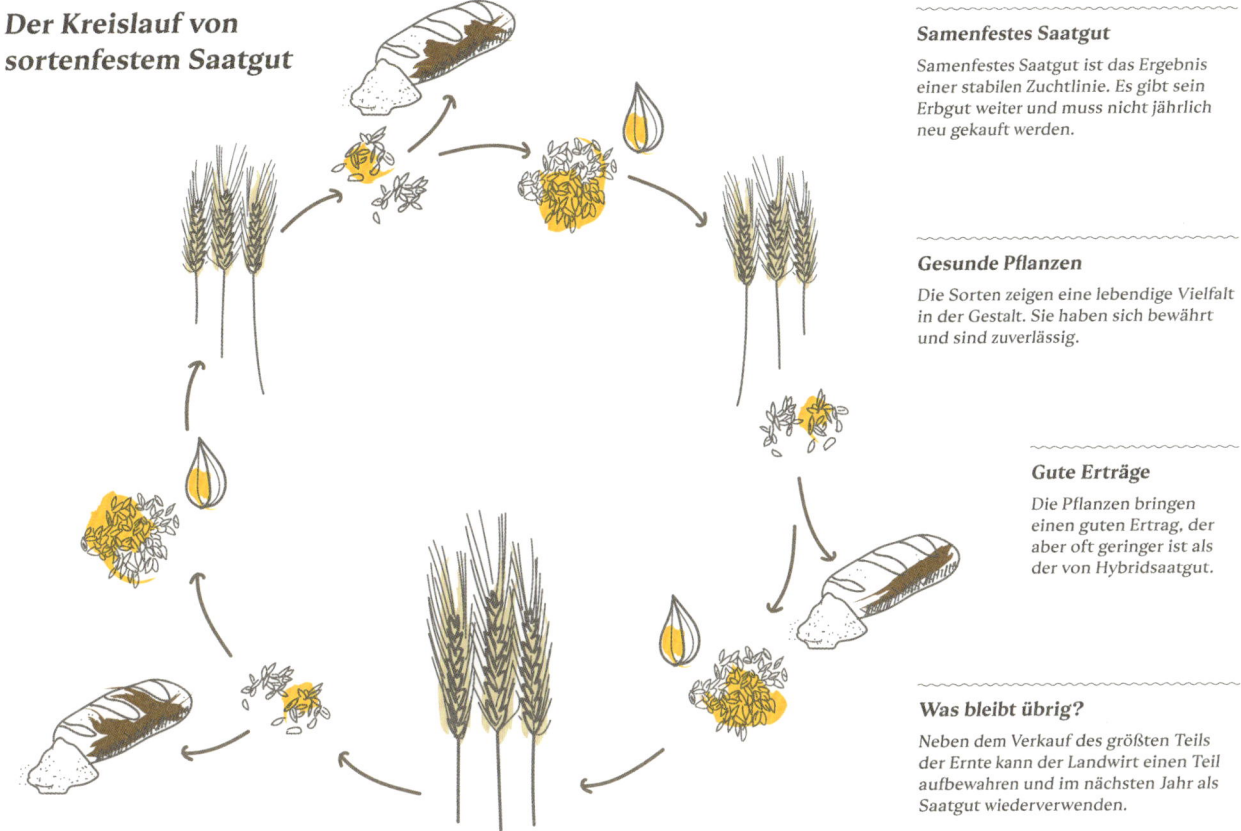

Der Kreislauf von sortenfestem Saatgut

Samenfestes Saatgut
Samenfestes Saatgut ist das Ergebnis einer stabilen Zuchtlinie. Es gibt sein Erbgut weiter und muss nicht jährlich neu gekauft werden.

Gesunde Pflanzen
Die Sorten zeigen eine lebendige Vielfalt in der Gestalt. Sie haben sich bewährt und sind zuverlässig.

Gute Erträge
Die Pflanzen bringen einen guten Ertrag, der aber oft geringer ist als der von Hybridsaatgut.

Was bleibt übrig?
Neben dem Verkauf des größten Teils der Ernte kann der Landwirt einen Teil aufbewahren und im nächsten Jahr als Saatgut wiederverwenden.

Pflanzen aus sortenfestem Saatgut bringen oft geringere Erträge als Pflanzen aus Hybridsaatgut. Dafür muss sortenfestes Saatgut nicht jährlich neu gekauft werden, sondern kann immer wieder weiter vermehrt werden. Mit Hybridsaatgut gibt es allerdings keinen natürlichen Kreislauf.

die ganze Sache doch von „bio" (von griechisch bios - das Leben) weit entfernt ist.

Die Entwicklung geht aber auch in Europa in eine besorgniserregende Richtung: Viel Geld und Energie werden in die Erforschung der gentechnischen Veränderung gesteckt, zum Beispiel am Max-Planck-Institut und an Universitäten wie in Düsseldorf oder Köln. Die Erforschung des Risikos bleibt dabei außen vor.

Ein gesunder Boden, kräftige Körner und das passende Klima sind ausschlaggebend für eine gute und reiche Ernte (siehe Abb.). Wenn die Natur und die Umwelt respektiert werden, können alle Menschen auch ohne Gentechnik satt werden und wir hinterlassen unseren Nachkommen eine gesunde Erde.

Sackgasse Hybridsorten

Bei der Hybridzüchtung werden sogenannte reinerbige Elternlinien miteinander gekreuzt. Das Ergebnis sind robuste und ertragreiche Nachkommen. Das klingt erst einmal nicht so schlecht, denn für die Landwirte bedeutet das natürlich mehr Einkommen. Allerdings nur kurzfristig, denn diese Hybridsorten sind nicht für den natürlichen Kreislauf geschaffen und bestehen nur eine Generation. Die Landwirte müssen also jedes Jahr neues, teures Saatgut kaufen und machen sich damit abhängig von den Saatgutproduzenten.

Nach dem ersten Jahr wachsen Hybridsorten aber nicht mehr und damit verringert sich auch der Ertrag drastisch. Deshalb muss Hybridsaatgut jedes Jahr neu gekauft werden.

Dabei hätte die Natur alles auf einfache und perfekte Weise angelegt: ein Korn fällt in die Erde, eine Pflanze wächst daraus heran, beginnt zu blühen, wird bestäubt und neue Körner entwickeln sich. Getreide, das sich so vermehrt, wird als sortenfest und nachbaufähig bezeichnet, denn seine Erbanlagen sind so stabil, dass ein Teil der Ernte aufgehoben und im kommenden Jahr wieder ausgesät werden kann. Ein schöner Kreislauf der Natur. Warum also eingreifen?

Durch eine starke Wurzelbildung kann die Getreidepflanze die natürlichen Nährstoffe des Bodens gut aufnehmen und bringt hohen Ertrag, auch wenn dieser In Weizen und Dinkel sind die Proteinfraktionen Gliadine und Glutenine oft etwas geringer ist als der von Hybridsaatgut. Auch bei nicht ganz optimalen Wetterbedingungen kann das Getreide noch als Speisegetreide eingesetzt werden.

Vielfalt retten - indem wir sie aufessen

Klingt unvorstellbar? Ist es aber nicht! Das Prinzip von Angebot und Nachfrage gilt auch bei Getreide. Der momentane Trend zu biologischen und gesunden Lebensmitteln beeinflusst auch, was im Supermarkt in die Regale kommt. Die biologische Landwirtschaft kann sich so weiterentwickeln und die Herstellung von samenfesten Arten und die Vielfalt der Getreidesorten wird in den Fokus gerückt. Außerdem führt die auflebende Beliebtheit der Urgetreidesorten dazu, dass diese wieder vermehrt angebaut werden und die Getreidepalette größer wird. Als Konsumenten haben wir die Möglichkeit mitzuentscheiden, was auf unseren Tellern landet. Deshalb: Körner auf die Teller, fertig, los!

Wie lange halten Samen?

Laut FAOSTAT (Food and Agriculture Organisation, www.fao.org) lagern weltweit Millionen Saatgutproben in rund 1750 Genbanken. Durch die Lagerung soll einerseits die genetische Vielfalt dauerhaft erhalten bleiben und sichergestellt werden, dass die Sorten nicht, z.B. durch Umweltkatastrophen, vernichtet werden. Je nach Art halten die Samen bei frostigen -18 °C sehr lange: Sonnenblumensamen können etwa 55 Jahre, Erbsensamen unglaubliche 10.000 Jahre gelagert werden.

Weil wir die Vielseitigkeit lieben:
Vom Korn zum Mehl

Die Vorbereitung zur Vermahlung – eine saubere Sache

Nachdem das Getreide vom Feld in die Mühle gebracht wurde, wird es erst einmal getrocknet und grob gereinigt: Bevor es weiter zur Vermahlung geht, sollten die Körner mindestens 3 Monate lagern und durchatmen. Anschließend werden aus den verschiedenen Getreidesorten und -qualitäten Mischungen erstellt, die dann gründlich gereinigt werden.

Damit das Getreide richtig sauber wird, durchläuft es eine ganze Reinigungsmaschinerie. Als Erstes kommt es durch den **Aspirateur**. Dieser enthält ein grobes und ein feines Sieb. Beim Groben bleiben größere Teile, wie Stroh, Erdklumpen oder Steine, stecken und das Getreide fällt durch. Beim feineren Sieb fallen kleinere Partikel, wie Staubkörner, Sand und Steinchen, durch und das Getreide bleibt übrig.

Nach dem Aspirateur geht es für das Getreide weiter zum **Trieur**. Der sortiert alles aus, was ähnlich groß ist wie Getreide, aber eine andere Form hat (z.B. Unkraut, Wicken oder Flughafer, aber auch gebrochene Körner).

Nach dem Trieur ist der erste Reinigungszyklus – auch Schwarzreinigung genannt – schon fast geschafft. Denn jetzt kommen noch **Steinausleser**, **Magnet** und **Netzschäler** zum Einsatz.

Wie sein Name schon verrät, pickt der Steinausleser alle Steine heraus, die eine ähnliche Größe und Form wie Getreide haben, und sich deshalb durch den Aspirateur und den Trieur schummeln konnten. Der Magnet zieht allfällige Metallteile an. Zu guter Letzt misst der sogenannte Netzcomputer die Feuchtigkeit des Getreides und gibt die Informationen an den Netzschäler weiter. Dieser besprüht das Getreide mit der nötigen Menge Wasser und massiert es kräftig ins Korn ein.

Nach der Massage geht's ab in das Abstehsilo (quasi ein Ruheraum für das Getreide), wo das Wasser gut in die Schale einziehen kann. Durch die Feuchtigkeit wird die Schale zäh und der Mehlkörper kann gut ausgemahlen werden.

Nach der Ruhephase erfolgt die Weißreinigung mit dem Separator. Der sorgt dafür, dass die abgeriebene äußerste Holzfaserschicht entfernt wird.

Hier wird gemessen, wie viel Feuchtigkeit im Getreide steckt.

Jetzt aber: Ab in die Mühle!

In der Mühle kommt das Getreide als erstes in den Walzenstuhl. Dort wird das Korn grob aufgerissen und anschließend durch einen Luftsog nach oben gesaugt und im Plansichter aufgefangen. Den Plansichter kannst du dir wie einen großen Kasten mit vielen unterschiedlichen Sieben vorstellen. In ihm wird das Korn nach seinen Bestandteilen getrennt: hellstes Mehl, Dunstmischung und Schrot (zur Erklärung der Begriffe Dunst und Schrot → 33). Je nach Größe landen die verschiedenen Mahlerzeugnisse in unterschiedlichen Abteilen.

Schrot und Dunstmischung werden anschließend auf einem anderen Walzenstuhl ein weiteres Mal vermahlen und im Plansichter gesiebt. Dieser Vorgang wird bis zu 20 Mal wiederholt. Die Mehle werden nach jedem Durchgang dunkler, da immer mehr vom gesamten Korn hineinkommt. Auf diese Weise wird nicht nur Mehl, sondern auch Schrot und Grieß hergestellt.

Die verschiedenen hellen und dunklen Mehle werden anschließend in der Mehlsammelschnecke vermischt. So entstehen die Mehltypen. Was übrig bleibt, sind Kleie und Futtermehl. Der wertvolle Keim bleibt bei der Vermahlung von hellen Mehlen meist in der Kleie zurück.

Im Plansichter werden die unterschiedlichen Getreideteile sortiert.

Je öfter das Getreide durch die Walzenstühle geht, desto dunkler wird das Mehl.

Der Walzenstuhl ist die erste Station für das Getreide.

In der Mehlsammelschnecke werden Mehlsorten und -qualitäten vermischt und so die unterschiedlichen Mehltypen hergestellt.

Und dann: erst mal ablagern

Nach der Vermahlung ist erst mal Ruhe angesagt. Am besten bleibt das Mehl mehrere Tage (bis zu zwei Wochen) liegen, damit es reifen bzw. oxidieren kann. So verbessern sich seine Backeigenschaften. In der konventionellen Müllerei werden dem Mehl in diesem Schritt meist Ascorbinsäure (Vitamin C) und weitere Mehlbehandlungsmittel zugesetzt. In der biologischen Landwirtschaft ist das nicht erlaubt. Auch wenn du dein Getreide selbst mahlst, solltest du es ein paar Tage ablagern lassen. Am besten in einem gut verschlossenen, nicht lackierten Holzbehälter oder Papierbeutel, an einem kühlen und dunklen Platz. In Holz kann das Mehl abkühlen, ohne dass sich Kondenswasser bildet, es kann atmen und die Backeigenschaften verbessern sich. Ist das Mehl abgelagert, kannst du es als Schutz vor Schädlingen auch im Kühlschrank aufbewahren oder einfrieren. Außerdem nimmt das Mehl so keine Fremdgerüche auf - auf die reagiert es nämlich ziemlich empfindlich. Wichtig ist nur, dass du es auf Zimmertemperatur bringst, bevor du es verwendest. In der Bäckerei passiert das einen Tag vor dem Backen: Der Bäcker holt das Mehl aus der kühlen Mehlkammer oder dem Mehlsilo und gibt es in die Vorbehälter in der warmen Backstube.

Sehr wohl fühlt sich frisch gemahlenes Mehl in Papiersäcken.

Der Duft des Mehles

Den Duft von frisch gemahlenem Mehl musst du einmal selbst erlebt haben. Wie er dir in die Nase steigt und dich sofort an reine Natur und leckeres Brot denken lässt. Wenn wir Besucher in unserer Mühle haben, sind sie immer erstaunt über die Intensität und das angenehme Duftaroma.

Da kann ich nur sagen: einatmen und genießen!

Das kommt aus der Mühle: die Mahlerzeugnisse

Die ganz Groben: Schrote

Um Schrot zu erhalten, muss das Getreidekorn 1-2 Mal durch den Walzenstuhl. Die Zacken der Walzen („Riffeln") reißen das Korn nur grob auf. Schrot eignet sich besonders gut für knusprige Brote, zum Bestreuen, als Suppeneinlage oder in herzhaften Burger-Laibchen.

Aus Liebe zu Brei und Nudeln: Dunst und Grieß

Wenn das Getreidekorn zum ersten Mal aufgerissen wird, fallen aus seinem Innersten helles Mehl und kleine „Mehl-splitter". Diese Splitter sind der Grieß. Die Größe der Körnchen ist unterschiedlich: sind sie klein, aber immer noch größer als Mehl, dann sprechen wir in der Mühle von Dunst. Dieser kommt als griffiges Mehl in die Abfüllung. Bei den restlichen Grießkörnern wird zwischen feinerem oder gröberem Grieß unterschieden. Mit Grieß kannst du sehr gut Brei, Knödel oder Pasta kochen.

Feiner geht's nicht: Mehl

Helle Mehle wie Weizenmehl Type 480 und Type 700 (für die entsprechenden Typenzahlen in Deutschland und der Schweiz → 35) und helles Dinkelmehl haben die besten Backeigenschaften für feine Kuchen und Gebäcke. Normalerweise können sie problemlos gegeneinander ausgetauscht werden. Wusstest du, dass du auch mit hellem Roggenmehl (Type 500) köstliche Kuchen backen kannst? Biskuitrouladen schmecken besonders saftig-frisch damit. Weizenmehl Type 1600 und Roggenmehl Type 960 schmecken dagegen kräftiger und eignen sich sehr gut für herzhafte Teige. Pizza und Quiche werden besonders lecker mit diesem dunkleren Weizenmehl. Dunkles Roggenmehl ist dagegen der Star beim Brotbacken. Denk beim Zubereiten daran, dass diese Mehle bis zu 10 % mehr Flüssigkeit brauchen.

⇒ Glattes Mehl

Glattes Mehl ist besonders weich und fein und hat gute Bindeeigenschaften. Es ist sogar so fein, dass du es mit der Hand zu einem Ballen zusammendrücken kannst. Jedes Getreide kann zu glattem Mehl verarbeitet werden. Ein Mehlkörnchen ist etwa 90-180 μm klein (als Vergleich: 1000 μm = 1 mm).

⇒ Griffiges Mehl (Dunst)

Dieses Mehl rieselt wie sehr feiner Sand. Die Körnchen sind etwa 150-250 μm groß und werden in der Mühle mit etwas gröberen Sieben abgesiebt. Aufgrund der Körnung zieht das Wasser langsamer in den Teig ein, weshalb die Gerichte nicht so schnell verkochen. Griffiges Mehl ist daher ideal für alles, was in Wasser gekocht wird, wie Nocken, Knödel oder Spätzle.

⇒ Doppelgriffiges Mehl bzw. sehr feiner Grieß

Doppelgriffiges Mehl ist etwas gröber als griffiges Mehl und grenzt schon an feinen Grieß. Seine Partikelgröße liegt zwischen 200-355 μm. Du kannst es wie griffiges Mehl einsetzen, also für alle Gerichte, die in Wasser gekocht werden.

⇒ Universalmehl

Universalmehl gibt es von Weizen und Dinkel. Es ist eine Mischung aus glattem und griffigem Mehl, meist im Verhältnis 1:1. Der Vorteil von Universalmehl ist, dass es - wie der Name schon sagt - für alle Gerichte verwendet werden kann.

Gleiches Korn, anders gemahlen: Vollkornmehl

Vollkornmehle können auf verschiedene Art hergestellt werden. Bei uns in der Mühle mahlen wir die ganzen, ungeschälten Körner so oft, bis feines Mehl daraus geworden ist. Ganz besondere Vollkornmehle stellen wir auf unserem alten Mühlstein her. Grundsätzlich gilt: Je öfter Getreidekörner vermahlen werden, desto dunkler wird das Mehl. Das liegt daran, dass sich immer mehr Randschichten ins Mehl mischen.

Vollkornmehl ist aber nicht gleich Vollkornmehl. Manchmal wird das Korn nämlich nicht zur Gänze vermahlen, sondern es werden verschiedene Mehltypen und Kleie miteinander vermischt. Solche Mehle sind dann zwar keine

Vollkornmehle im ursprünglichen Sinn (in der Fachsprache werden sie rekonstruierte Vollkornmehle genannt) - eine besondere Kennzeichnung auf der Verpackung brauchen sie aber dennoch nicht. Sogar der Codex des österreichischen Lebensmittelbuchs wurde geändert, damit auch solche Mischungen als Vollkornmehle bezeichnet werden dürfen. Grund der Änderung war, dass Industriebäckereien auf ihren Maschinen keine Vollkornbrote aus voll vermahlenen Getreidekörnern verarbeiten konnten (bzw. können). Durch die Änderung im Lebensmittelbuch kann die Industrie Brote als Vollkornbrote bezeichnen, auch wenn sie eigentlich mit rekonstruiertem Vollkornmehl gebacken wurden.

Vollkornmehle tragen keine Typenzahl, da in ihnen das ganze Korn steckt. Ihr kräftiger Geschmack macht sie ideal für grobe, schwere Teige. Oft werden Vollkornmehle auch mit helleren Mehlen gemischt, um ihre Backeigenschaften zu verbessern. Wenn du helles Mehl durch Vollkornmehl ersetzen willst, musst du bis zu 20 % mehr Flüssigkeit verwenden - Vollkornmehle sind durstig!

6 verschiedene Erzeugnisse: Aus Weichweizen lassen sich 6 verschiedene Mehlsorten herstellen - Weizenmehl T 1600, Weizenvollkornmehl, Weizenschrot, Weizenmehl glatt, Weizenmehl griffig, Weizengrieß fein.

Was bleibt, ist die Schale: Kleie

Am Ende der Vermahlung bleibt die dunkle Schale des Korns über. Der feine Schalenanteil, das sogenannte Futtermehl, und der grobe Anteil, die Kleie, werden in der Tierfütterung als Eiweiß- und Rohfaserlieferanten verwendet. Die gesunde Kleie findet aber auch den Weg auf unsere Teller (→ Seite 16, für das Rezept für Kleiebrot → 138).

Auf welchen Typ stehst du?
Von Typenzahlen und Ausmahlungsgraden

Die Typenzahl gibt die Mineralstoffmenge in Milligramm pro 100 g Mehl an: je höher die Typenzahl, desto mehr Schalenbestandteile stecken im Mehl und desto höher ist folglich der Mineralstoffgehalt. Um die Type festzustellen, wird das Mehl auf 900 °C erhitzt: während das Mehl verbrennt, bleiben die Mineralstoffe übrig und können abgewogen werden.

Beim Ausmahlungsgrad geht es darum, wie viel Mehl aus 100 g Getreide hergestellt wurde (Angabe in Prozent). Je höher der Ausmahlungsgrad, desto näher am Vollkorn ist das Mehl und desto mehr Proteine und Mineralstoffe sind im Mehl. Das bedeutet aber auch, dass das Backvolumen abnimmt, was natürlich ein wesentliches Kriterium für die Backqualität ist.

Auf einen Blick: die Mehltypen und ihre Ausmahlungsgrade

Weizenmehl Type 480	ca. 65 %
Weizenmehl Type 700	ca. 75 %
Weizenmehl Type 1600	ca. 82 %

Anderes Land, andere Mehle – Mehlsorten in Österreich, Deutschland und der Schweiz

Hier findest du eine Übersicht aller Mehlerzeugnisse, die wir in unserer Mühle herstellen, die entsprechenden Mehltypen in Deutschland und der Schweiz und für welche Lebensmittel du sie am besten verwendest.

Mehltype Österreich	Anwendung	Mehltype Deutschland	Mehltype Schweiz
Dinkelmehle			
Dinkelmehl universal Type 900	helle und dunkle Brote, Mischbrote, Gebäcke, Pizza, Kuchen, Torten, Kekse, Waffeln, Brandteig, Hefeteig; für alle süßen und sauren Gerichte	- Dinkelmehl Type 630	
Dinkelmehl griffig	Strudel, Knödel, Spätzle, Kartoffelteig, Nudeln; zum Panieren	- Dinkeldunst	- Spezialmehl
Dinkelvollkornmehl	Für alle vollwertigen Brote und Gebäcke, Breie; für Sauerteig	- Dinkelvollkornmehl	- Dinkelvollkornmehl
Dinkelschrot	Für alle vollwertigen Brote und Gebäcke; für Müsli und Breie	- Dinkelschrot	- Dinkelschrot
Roggenmehle			
Roggenmehl Type 500	Vorschussbrot, Störibrot, Biskuitrouladen, Kuchen; als Alternative zu Weizen und Dinkel	- Roggenmehl Type 610	
Roggenmehl Type 960	klassisches Brotmehl für alle Brote, kräftiges Kleingebäck, Lebkuchen, Früchtebrot, für Sauerteig	- Roggenmehl Type 815 - Roggenmehl Type 997 - Roggenmehl Type 1150	
Roggenmehl Type 2500	kräftige Roggen- und Roggenmischbrote, zum Mischen für sehr dunkle Brote	- Roggenmehl Type 1370	
Roggenvollkornmehl	Vollkornbrote; für Sauerteig	- Roggenvollkornmehl	- Roggenvollkornmehl
Roggenschrot	dunkle Schrotbrote, Pumpernickel; für Sauerteig	- Roggenschrot	- Roggenschrot
Weizenmehle			
Weizenmehl griffig | doppelgriffig Type 480	Knödel, Strudel, Spätzle, lockere Süßspeisen und Nudeln; zum Panieren – wird dadurch knuspriger	- Weizendunst Type 405 - Wiener Grießler	- Spezialmehl
Weizenmehl glatt | universal Type 480	Kuchen, Torten, helle Kekse, süße Teige	- Weizenmehl Type 405	- Weißmehl
Weizenmehl universal Type 700	Weißbrot, Toastbrot, Ciabatta, helle Mischbrote, Gebäcke (z.B. Semmeln, Brötchen, Salzstangen, Mohnbrötchen), Kekse, Torten, Brandteig, Mürbteig, Hefeteig, Pizza	- Weizenmehl Type 550 - Weizenmehl Type 815	- Halbweißmehl
Ruchmehl	Mischbrote (dunkler als Type 700 und heller als Type 1600)	- Weizenmehl Type 1050	- Ruchmehl
Weizenmehl Type 1600	Mischbrote		
Weizenschrot | Graham	Mischbrote, Schrotbrote, Müsli, Breie	- Weizenschrot	- Weizenschrot
Weizenvollkornmehl	Vollkornrezepte für Brote, Kuchen und Kekse; für hellen Sauerteig	- Weizenvollkornmehl	- Weizenvollkornmehl

Vom Korn zum Mehl

Mehltype Österreich	Anwendung	Mehltype **Deutschland**	Mehltype **Schweiz**

Bio-Mehle

Bio-Einkornvollkornmehl	Brote, Kekse, Waffeln, Brei, pikante Gerichte; für Sauerteig		
Bio-Emmervollkornmehl	Brote, Kekse, Waffeln, Brei, pikante Gerichte; für Sauerteig		
Bio-Gerstenmehl	Broten, Kekse, Waffeln, Brei, pikante Gerichte; für Sauerteig		
Bio-Amarantmehl	für Shakes, pikante Gerichte und Fladenbrot		
Bio-Maismehl	Fladenbrot, pikante Gerichte		
Bio-Sojamehl	Pikante Gerichte, Shakes, Eiweißersatz		

Bio-Mehle, steinvermahlen

Bio-Buchweizenmehl auf Stein vermahlen	Brote, Kekse, Waffeln, Brei, pikante Gerichte; für Sauerteig		

Traditionell auf altem Mühlenstein vermahlen

Bio-Hirsemehl auf Stein vermahlen	Brote, Kekse, Waffeln, Brei, pikante Gerichte		
Bio-Dinkelvollkornmehl auf Stein vermahlen	Brote, Kekse, Waffeln, Brei, pikante Gerichte; für Sauerteig		
Bio-Braunhirsevollkornmehl auf Stein vermahlen	Brote, Kekse, Waffeln, Brei, pikante Gerichte		

Bio-Mehle, glutenfrei

Bio-Hirsemehl, glutenfrei	zum Einmischen in Brot, Kuchen und Brei, Palatschinken, Hirsenockerl		
Bio-Buchweizenmehl, glutenfrei	Brote, pikante Gerichte; auch als Nussersatz geeignet; für Sauerteig		
Bio-Reismehl, glutenfrei	zum Einmischen in Brote, Kuchen und Brei, Palatschinken		

Bio-Spezialmehle

Bio-Erbsenmehl, grün	zum Einmischen in Brote, pikante Gerichte		
Bio-Bohnenmehl, weiß	zum Einmischen in Brote, pikante Gerichte		
Bio-Erdmandeln, gemahlen	Breie, Müsli, süße Gerichte; als Nussersatz geeignet		

Bio-Grieße

Bio-Dinkelgrieß, hell	Grießkoch, Breie, Grießnockerl, Nudeln		
Bio-Dinkelvollkorngrieß	Grießkoch, Breie, Grießnockerl		
Bio-Roggengrieß	Grießnockerl, pikante Gerichte, Nudeln		
Bio-Weizengrieß	Grießkoch, Breie, Grießnockerl		
Bio-Weizenvollkorngrieß	Grießkoch, Breie, Grießnockerl		
Bio-Hartweizengrieß	zum Einmischen in Brot (insbesondere Weizenbrote), pikante Gerichte, Grießnockerl, Nudeln		
Bio-Maisgrieß, grob	zum Bestreuen von Brötchen und Weckerln; Grießschmarrn; für herzhafte, pikante Gerichte		
Bio-Maisgrieß, fein	zum Bestreuen von Brötchen und Weckerln; für herzhafte, pikante Gerichte		

Vom Korn zum Mehl

Werde zum Mehlprofi:
So siehst du, welche Helligkeit dein Mehl hat

Mit dem PEKA-Test wird in der Mühle die Helligkeit von Mehl bestimmt. Das willst du auch ausprobieren? Kein Problem – ich erkläre dir, wie's geht:

Nimm ein schmales Holzbrett und schütte eine kleine Menge verschiedener Mehle nebeneinander auf.

Press das Mehl mit einem zweiten Holzbrett zusammen und streich leicht über die Mehle. Als Müllerin verwende ich dafür ein typisches Werkzeug – die Mehlspachtel. Bereits jetzt kannst du Farbunterschiede bei den Mehlsorten erkennen.

  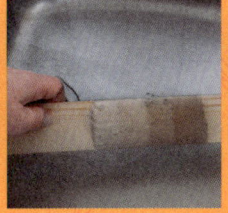 

Tauche das Brett jetzt vorsichtig unter Wasser. Der Farbunterschied wird jetzt gleich noch deutlicher. In der Mühle wird dieser Test bei jeder Vermahlung durchgeführt, bis man die gewünschte Helligkeit hat.

Auf den Fotos siehst du Weizenmehl Type 480, Weizenmehl Type 700, Ruchmehl und Weizenmehl Type 1600 (von links nach rechts).

Was blubbert denn hier so prächtig? Entdecke die vielfältige Welt des Sauerteigs: von klassisch über fruchtig bis glutenfrei – 7 verschiedene Sauerteige zum gleich Ausprobieren!

Im siebten Sauerteighimmel!

Sauerteige zum Verlieben

Der Klassiker
⊰ Sauerteig aus Roggen ⊱

Roggenmehl mag es gern kuschelig, wenn es sich zu köstlichem Sauerteig verwandeln soll. Deshalb ist es besonders wichtig, dass das Wasser, mit dem du es mischst, 40–45 °C warm ist. Die Mikroorganismen können in dieser wohligen Umgebung besonders gut mit dem Mehl arbeiten und einen Sauerteig mit kräftigem Roggenaroma entstehen lassen. Für Anfänger ist dieser Klassiker eine super Möglichkeit, um die Sauerteig-Welt kennenzulernen, da er am einfachsten gelingt.

So machst du
deinen **klassischen** Sauerteig
aus Roggen:

TAG 1
100 g Roggenvollkornmehl und 100 g Wasser (40–45 °C) vermischen. Teig abdecken.

TAG 2
In den Teig vom ersten Tag 100 g Roggenvollkornmehl und 100 g Wasser (wieder mit 40–45 °C) mischen und den Teig wieder abdecken. Jetzt solltest du bald erste Bläschen sehen.

TAG 3
Noch einmal 100 g Roggenvollkornmehl und 100 g Wasser (Temperatur 40–45 °C) in den Teig vom Vortag mischen und den Teig abdecken. Ein letztes Mal rasten lassen, bis genügend Bläschen aufgetaucht sind.

Der Liebliche
⊰ Sauerteig aus Weizen ⊱

Etwas feiner im Geschmack ist Sauerteig aus Weizen. Am besten verwendest du zum Ansetzen dunkles Weizenmehl – das mögen die Mikroorganismen lieber und starten gleich mit der Arbeit. Weizenvollkornmehl geht natürlich auch, es macht den Teig etwas voller und kräftiger.

So machst du
deinen **lieblichen** Sauerteig
aus Weizen:

TAG 1
100 g Weizenmehl (T 1600) oder Ruchmehl (T 1050) und 100 g lauwarmes Wasser vermischen. Teig abdecken.

TAG 2
In den Teig vom ersten Tag 100 g Weizenmehl (T 1600) oder Ruchmehl (T 1050) und 100 g lauwarmes Wasser mischen den Teig wieder abdecken. Kommt, ihr Bläschen!

TAG 3
Noch einmal 100 g Weizenmehl (T 1600 oder T 700) oder Ruchmehl (T 1050) und 100 g lauwarmes Wasser in den Teig vom Vortag mischen und den Teig abdecken. Ein letztes Mal rasten lassen und den Bläschen beim Blubbern zuschauen.

Im siebten Sauerteighimmel!

Der Fruchtige
≥ Sauerteig aus Dinkel mit Apfel ≤

Mmh! Dieser Spezialsauerteig aus Dinkel wird mit unerhitztem, naturtrübem Apfelsaft gemacht. Du kannst auch selbst Äpfel entsaften oder einen Apfel schälen, fein reiben und in den Teig geben. Je nach Apfelsorte schmeckt dein Sauerteig dann ganz anders – ein Sauerteig zum Austoben! Der Saft verleiht deinem Brot ein leicht süßliches Aroma: Das passt besonders gut bei Rezepten mit einem hohen Weizen-, Dinkel- oder Einkornmehlanteil. Beachte, dass der Apfelsaft nicht direkt aus dem Kühlschrank verwendet werden sollte – er braucht Zimmertemperatur (mindestens 20 °C).

So machst du deinen **fruchtigen** Sauerteig aus Dinkel und Äpfeln:

TAG 1
100 g Dinkelvollkornmehl und 100 g unerhitzten, naturtrüben Apfelsaft / geriebenen Apfel vermischen. Teig abdecken.

TAG 2
In den Teig vom ersten Tag 100 g Dinkelvollkornmehl und 100 g lauwarmen Apfelsaft / geriebenen Apfel mischen und den Teig wieder abdecken. Bald zeigen sich die schönen Bläschen.

TAG 3
Noch einmal 100 g Dinkelvollkornmehl und 100 g lauwarmen Apfelsaft / geriebenen Apfel in den Teig vom Vortag mischen und den Teig abdecken. Ein letztes Mal rasten lassen und zuschauen, wie sich die Bläschen austoben.

Dieser Sauerteig hat schon eifrig Bläschen gebildet.

Lass mich dich sauer machen, mein lieber Teig

Befolge diese 10 einfachen Tipps, wenn du deinen Teig so richtig sauer machen willst:

1. **Setze nur sehr saubere Utensilien ein.** Das heißt auch: frei von Spülmittel.

2. Am besten wird dein Sauerteig, wenn du **gutes, reines Wasser und natürliche Mehle** aus biologischem Anbau verwendest.

3. **In deinem Ansatzglas war vorher eingelegtes Gemüse?** Kein Problem. Achte aber bitte darauf, dass es keine Geruchsspuren hinterlassen hat. Sonst kann es gut sein, dass dein Sauerteig nach Eingelegtem schmeckt.

4. Der **erste Ansatz** sollte etwa ein Drittel bis die Hälfte des Glases füllen. So hat der Teig noch genug Platz zum Aufgehen und läuft nicht über.

5. **Wo gearbeitet wird, kommen Bläschen:** Dass die Mikroorganismen fleißig arbeiten, erkennst du an den Bläschen, die sich ab dem zweiten Tag im Sauerteig bilden. Je mehr Schalenanteile im Mehl sind, also bei Vollkorn- und dunklen Mehlen, desto schneller tauchen sie auf.

6. **Die kleinen Mikroorganismen mögen es warm:** Ihre Lieblingstemperatur liegt zwischen 26–30 °C (außer bei Sauerteig auf Roggenbasis, hier sollte die Wassertemperatur 40–45 °C betragen). Bei 26 °C braucht der Sauerteig länger, bei 30 °C ist er etwas schneller fertig. Je nach Mehltemperatur (am besten hat es Raumtemperatur) kannst du wärmeres oder kälteres Wasser verwenden, um die perfekte Wohlfühltemperatur für die Mikroorganismen herzustellen. Konkret bedeutet das: Wenn dein Mehl 20 °C hat, mische 40 °C warmes Wasser dazu. Hat dein Mehl 25 °C, sollte das Wasser 35 °C haben.

7. **Lass die Mikroorganismen atmen!** Verschließe das Glas nicht luftdicht, sondern lege den Deckel lose auf oder decke das Glas mit einer Folie oder einem Tuch ab.

8. **Zum Rastenlassen sind 26–28 °C ideal.** Wenn es in deiner Wohnung nicht so warm ist, kannst du das Glas in ein warmes Wasserbad oder zusammen mit einer Wärmflasche in eine Schüssel stellen.

9. **Zeit ist relativ – vor allem beim Sauerteig:** Nicht die Uhr entscheidet, wann er fertig ist, sondern die Mikroorganismen. Sie geben dir ein Zeichen in Bläschen-Form, wenn sie mit dem Teig fertig sind.

10. **Wenn's schiefläuft:** Noch mal von vorne! Bei Fehlgärung oder Schimmelbildung solltest du den Sauerteig auf keinen Fall verwenden. Probiere es einfach noch einmal – das nächste Mal klappt's bestimmt!

Der Feine
Sauerteig aus Dinkel

Neben dem tollen Aroma von Dinkelsauerteig ist auch das Bläschen-Schauspiel durch den hohen Eiweißgehalt von Dinkel sehr spannend. Zurücklehnen und zusehen!

**So machst du
deinen feinen Sauerteig
aus Dinkel:**

TAG 1
100 g Dinkelvollkornmehl und 100 g lauwarmes Wasser vermischen.
Teig abdecken.

TAG 2
In den Teig vom ersten Tag 100 g Dinkelmehl (Type 900) oder Dinkelvollkornmehl und 100 g lauwarmes Wasser mischen und den Teig abdecken. Siehst du schon die ersten Bläschen?

TAG 3
Noch einmal 100 g Dinkelmehl (Type 900) oder helles Dinkelmehl und 100 g lauwarmes Wasser in den Teig vom Vortag mischen und den Teig abdecken. Beobachtest du den Tanz der Bläschen?

Der Urige
Sauerteig aus Einkornvollkornmehl

Am besten wird dieser Sauerteig, wenn du steinvermahlenes Einkornvollkornmehl verwendest. Diese Mehlsorte mögen die Mikroorganismen besonders gern und machen den Sauerteig deshalb extra schnell reif. Wenn du ihn am Morgen ansetzt, kannst du ihn am Abend schon nachfüttern. Am kommenden Morgen noch einmal füttern, und ein paar Stunden später kann er schon zu köstlichem Brot verbacken werden.

**So machst du
deinen urigen Sauerteig
aus Einkornvollkornmehl:**

ERSTER SATZ
75 g Einkornvollkornmehl und 75 g lauwarmes Wasser vermischen. Teig abdecken.

12 STUNDEN SPÄTER
75 g Einkornvollkornmehl und 75 g lauwarmes Wasser in den Ansatz rühren und den Teig wieder abdecken.

12 STUNDEN SPÄTER
Noch einmal 75 g Einkornvollkornmehl und 75 g lauwarmes Wasser in den Teig mischen und den Teig abdecken. Ruhen lassen, bis die Bläschen kommen.

Der Bekömmliche
Sauerteig aus Gerste

Sauerteig aus Gerste ist aromatisch und sehr bekömmlich. Wissbegierige Mönche haben sich - neben dem Bierbrauen - auch an der Fermentation des Getreides versucht. Das ist gut so, denn sonst wären wir heute vielleicht um eine köstliche Sauerteig-Variante ärmer.

So machst du deinen bekömmlichen Sauerteig aus Gerste:

TAG 1
100 g Gerstenmehl (oder fein gemahlene Gerstenflocken) und 100 g lauwarmes Wasser vermischen. Teig abdecken.

TAG 2
In den Teig vom Vortag 100 g Gerstenmehl/fein gemahlene Gerstenflocken und 100 g lauwarmes Wasser mischen und den Teig wieder abdecken. Die ersten Bläschen zeigen sich jetzt schon.

TAG 3
Noch einmal 100 g Gerstenmehl/fein gemahlene Gerstenflocken und 100 g lauwarmes Wasser in den Teig vom Vortag mischen und den Teig abdecken. Ruhen lassen, bis sich genügend Bläschen gebildet haben.

Der Glutenfreie
Sauerteig aus Buchweizen

Ja, Sauerteig geht auch glutenfrei! Das Superkorn Buchweizen macht es möglich: aromatisches, selbst gebackenes Sauerteigbrot auch für Menschen mit Zöliakie oder Weizenunverträglichkeit.

So machst du deinen glutenfreien Sauerteig aus Buchweizen:

TAG 1
50 g Buchweizenmehl und 50 g lauwarmes Wasser vermischen. Teig abdecken.

TAG 2
In den Teig vom ersten Tag 50 g Buchweizenmehl und 75 g lauwarmes Wasser mischen (das ist kein Tippfehler - dieses Mal muss es wirklich etwas mehr Wasser sein) und den Teig wieder abdecken. Die ersten Bläschen tauchen schon auf.

TAG 3
Noch einmal 50 g Buchweizenmehl und 50 g lauwarmes Wasser in den Teig vom zweiten Tag mischen und den Teig abdecken. Ruhen lassen, bis sich genügend Bläschen gebildet haben.

Keine Sorge: Die Oberfläche von Buchweizensauerteig kann sich rosa färben. Das passiert vor allem bei Buchweizenmehl mit höherem Fruchtschalenanteil und ist ganz normal.

Nur nicht in die Tonne – was du mit übrig gebliebenem Sauerteig machen kannst

Du hast mehr Sauerteig gemacht, als du für dein Rezept brauchst? Sehr gut – den Rest kannst du weiter züchten und für deine nächste Brotback-Session verwenden.

So züchtest du deinen Sauerteig weiter:
Ausgangslage: Du hast 100 g Sauerteig von Tag 3 übrig, den du nicht sofort zum Brotbacken brauchst.
Tag 4-7: Mische jeden Tag 100 g Mehl und 100 g lauwarmes Wasser in 100 g vom Sauerteig und decke ihn ab. Ab Tag 5 schüttest du also immer einen Teil deines Sauerteigs weg. Du kannst den Teig jederzeit zum Backen einsetzen. Ambitionierte Hobbybäcker können diesen Vorgang bis zu 21 Tage lang wiederholen.

Tipp von der Müllerin
- Schenke übrigen Sauerteig an deine Freunde oder Familie weiter und motiviere sie damit zum Brotbacken! Am besten gibst du ihnen noch ein passendes Rezept dazu, damit sie gleich starten können.

Wenn du den Sauerteigrest lieber für dich behältst, um damit deinen persönlichen Sauerteig-Vorrat anzulegen, gibt's hier ein paar Tipps für die Aufbewahrung:

Keep cool! Sauerteig im Kühlschrank
Im Kühlschrank hält sich Sauerteig bis zu einer Woche. Danach solltest du ihn entweder verwenden (also: ran an die Teigschüssel und Brot backen) oder auffrischen, also füttern. Dafür gibst du ihm einen Teil Mehl und einen Teil Wasser (siehe Seite 41f) und lässt ihn reifen. Was du nach einer Woche weder zu Brot machst noch auffrischst, solltest du nicht mehr verwenden (denk an die Geschenk-Option, wenn du vorher schon weißt, dass du den Sauerteig weder weiterzüchten noch verbacken kannst).

Kälter geht's nicht: Sauerteig einfrieren
Die Kälte im Gefrierfach kann dem fertigen Sauerteig nichts anhaben. Übriggebliebenen Teig am besten portionieren (z.B. in Eiswürfel-Formen) und ab damit in die eisige Kälte. Wenn du ihn wieder verwenden möchtest, einfach bei Raumtemperatur auftauen lassen. Wenn er aufgetaut ist, einen Teil Sauerteig, einen Teil Wasser und einen Teil Mehl verrühren und kurze Zeit bei Raumtemperatur stehen lassen. Und schon ist er einsatzbereit.

Wüstenverhältnisse: Sauerteig trocknen
Am längsten haltbar wird Sauerteig durch Trocknung. Streiche ihn dazu sehr dünn auf Backpapier und trockne ihn im Back- oder Dörrofen bei niedriger Temperatur (max. 35 °C). Lass ihn einfach so lange im Ofen, bis er gut durchgetrocknet ist.

Du kannst deinen Sauerteig auch an der Luft trocknen. Allerdings besteht hier die Gefahr, dass sich unerwünschte Bakterien auf ihm niederlassen und der Sauerteig schlecht wird.

Den getrockneten Sauerteig brichst du am besten in Stücke und bewahrst diese lichtgeschützt in einem Glas auf. Willst du deinen Trockensauerteig verwenden, mische 10-20 g davon mit 100 g Mehl und 100 g Wasser. Lass den Teig anschließend einen Tag ruhen. Danach kannst du ihn zum Backen verwenden.

Getrockneter Sauerteig dient mehr dem Aroma als der Teiglockerung. Ein bisschen Hefe hilft hier nach.

Mach Getreide-Babys
Lass Keimlinge in deiner Küche sprießen

Was hat einen feinen Geschmack und strotzt vor Vitaminen und Spurenelementen? Keimlinge! Damit sind sie perfekt zum Knabbern für zwischendurch. Und das Beste: Bei diesem Snack darfst du mit ruhigem Gewissen zugreifen.

Keimlinge kannst du ganz leicht selber machen. Am einfachsten keimen Getreide, die bei der Ernte aus der Spelze fallen, also Weizenarten, Roggen und Nacktgerste. Interessant ist der sogenannte Keimfaktor, also wie viele von 100 eingelegten Körnern tatsächlich keimen. Bei den oben genannten Getreiden liegt der Keimfaktor normalerweise bei 96-100 %.

Auch aus Dinkel, Einkorn und Emmer lassen sich feine Keimlinge herstellen. Diese Sorten werden nach der Ernte entspelzt, dabei kann es bei manchen Körnern zu Verletzungen des Keims kommen, wodurch ein Ankeimen verhindert wird. Der Keimfaktor ist dadurch tendenziell etwas niedriger, kann aber durchaus auch gleich hoch sein wie bei den oben genannten Getreiden.

Nackthafer fällt bei der Ernte zwar aus der Spelze, eignet sich aber trotzdem nicht gut zum Keimen. Das liegt wahrscheinlich daran, dass bei Hafer das Fett im ganzen Korn verteilt ist, und nicht, wie bei den anderen Getreidesorten, nur im Keim.

Wenn du auch köstliche Hirse- und Buchweizenkeimlinge naschen willst, musst du geschälte Körner verwenden. Beim Schälen dieser Getreidesorten kann der Keim leicht verletzt werden, deshalb keimen diese Körner nicht so erfolgreich. Der Keimfaktor hängt davon ab, wie schonend die Schälung war.

Geschälte Gerste (Rollgerste) und zu Reis geschliffene Körner sind so gut wie gar nicht keimfähig, da beim Schleifen der Keim zu sehr angegriffen wird. Er ist zwar teilweise noch vorhanden, zum Keimen reicht es aber nicht.

Am besten verwendest du Getreide aus biologischem Anbau. Dann kannst du sicher sein, dass es auf gesundem Boden gewachsen und unbelastet von Spritzmitteln ist.

Getreidekörner lieben eine feucht-warme Umgebung zum Keimen. Roggen ist die einzige Sorte, die bereits bei 2 °C in feuchter Umgebung zu wachsen beginnt. Du kannst ihn zum Keimen also auch in den Kühlschrank stellen. Allen anderen Körnern ist erst bei angenehmen 15-25 °C zum Keimen zumute.

Je nach Sorte, Temperatur und Feuchtigkeit braucht Getreide 1-3 Tage zum Keimen. Koste einfach immer wieder einen Keimling, um den richtigen „Erntezeitpunkt" nicht zu verpassen.

Gekeimtes Getreide ist ein Frischeprodukt und nicht sehr lange haltbar. Am besten gleich vernaschen oder in den Brotteig mischen. Ein paar Tage überstehen die Keimlinge auch im Kühlschrank.

SO MACHST DU GETREIDE-BABYS:
- **Die Körner in eine Schüssel geben und mit reichlich Wasser begießen (über ihnen sollten noch ca. 2 cm Wasser sein). 5-12 Stunden einweichen. Die Körner quellen auf und werden weich.**
- **Jetzt das Wasser abgießen und die Körner abspülen. Nimm dafür am besten ein feines Nudelsieb.**
- **Von nun an die Körner 2 x täglich abspülen – am besten morgens und abends.**
- **Zwischen den Spülgängen die Körner flach ausbreiten, zum Beispiel auf einem Teller, damit sich kein Schimmel bilden kann, und immer wieder fein mit Wasser besprühen. Das ist wichtig, denn wenn die Körner in der Keimungsphase austrocknen, hört der Keimvorgang einfach auf. Denk daran, dass das Keimen schon begonnen hat, auch wenn die Triebe noch nicht sichtbar sind.**

Mühlengeheimnisse
für richtig gutes Brot

Mein Tipp an alle Brotliebhaber, die sich noch nicht so recht ans Selbermachen gewagt haben: Tut es einfach! Mit jedem Versuch werdet ihr dazulernen und es wird nicht lange dauern, bis ihr den Brotback-Dreh heraushabt. Damit am Anfang nichts schiefläuft, habe ich ein paar Tipps für euch gesammelt.

Aller Anfang ist nicht schwer – mit diesen Tipps

- **Das Wichtigste zuerst:** Brotbacken ist eine schöne und entspannende Beschäftigung – genieß es! Spür den Teig in deinen Händen, freu dich, wenn er aufgeht, schieb ihn in den Ofen, und riech den herrlichen Duft, der sich in der Küche ausbreitet. Und: Sei stolz auf dein selbst gebackenes Brot.

- **Alle Zutaten sollten mindestens Raumtemperatur** haben (20-22 °C). Noch besser ist es, wenn sie bis zu 26 °C haben.

- **Sei genau bei den Mengenangaben!** Ein präzises Mengenverhältnis ist beim Backen der Schlüssel zu einem tollen Ergebnis. Deswegen sind bei meinen Rezepten die Mengenangaben der flüssigen Zutaten in Gramm angeführt. Damit kannst du genauer arbeiten als mit Angaben in Millilitern.

- **Falls die Waage mal ausfällt** – hier eine Umrechnungstabelle mit groben Richtwerten für die trockenen Zutaten:

  › 1 EL Mehl = 25 g
  › 1 TL Trockensauerteig = 15 g
  › 1 TL Salz = 14 g
  › 1 TL Brotgewürz = 2 g
  › 1/2 Würfel Hefe = 21 g

- **Den Teig kannst du entweder mit der Hand, dem Kochlöffel oder der Küchenmaschine mischen und kneten.** Wenn du eine Küchenmaschine verwendest, nimm den Knethaken und stell die langsame Stufe ein. Knete den Teig nur 2-5 Minuten. Zu viel Geknete bekommt den meisten Teigen nämlich gar nicht – die Folge: Sie gehen beim Backen nicht auf.

- **Wenn du Tücher zum Abdecken verwendest,** empfehle ich dir Leinen. Der Stoff gleicht die Feuchtigkeit gut aus und der Teig bleibt nicht so leicht daran kleben. Wasch die Tücher nicht mit Weichspüler und verwende neutrale Waschmittel ohne Duft.

- **Zum Gehenlassen** kannst du deinen Teig entweder
  › in ein bemehltes Gärkörbchen legen und mit einem feuchten Tuch abdecken oder
  › in eine bemehlte oder geölte Schüssel legen und mit einem feuchten Tuch abdecken oder
  › in eine geölte Wanne (oder Schüssel) legen und mit einem Deckel abdecken (diese Möglichkeit empfehle ich dir, wenn du den Teig im Kühlschrank aufbewahren möchtest).

- Die **Temperatur beim Gehenlassen** sollte wohlig warm sein. Viele Dampfgarer haben dafür ein eigenes Programm: Hier sind 40 °C eingestellt. Wenn du keinen Dampfgarer besitzt, kannst du mit Wasserbad oder Wärmflasche nachhelfen.

- **Wie lange dein Teig braucht,** um bereit für den Ofen zu sein, hängt von der Temperatur ab:
  - Bei den 40 °C im Dampfgarer dauert es ca. 20 Minuten ...
  - ... bei 28-30 °C muss er ca. 30 Minuten gehen ...
  - ... und bei 23-25 °C braucht er ca. 40 Minuten.

- **Gut Ding braucht ... Gärtest!** Diese Zeitangaben sind zwar ein Richtwert, du solltest aber auf jeden Fall den Gärtest machen, um sicherzustellen, dass der Teig genug Zeit zum Reifen hatte. So geht der Gärtest:
  Wenn der Teig schön aufgegangen ist bzw. nach den Richtzeiten oben, drückst du ihn mit zwei Fingern leicht ein. Springt er schnell wieder zurück, ist er noch nicht reif. Gibt er keinen Widerstand mehr und bleibt die Druckstelle leicht sichtbar, ist er fertig und du kannst ihn in den heißen Ofen schieben. Wenn der Teig an der Druckstelle „einbricht", hast du ihn zu lange gehen lassen - er wird im Ofen zusammenfallen.

- **Ich backe am liebste mit Heißluft,** damit habe ich bisher die besten Backergebnisse erzielt. Aber natürlich kann genauso mit Ober- und Unterhitze gebacken werden. Wenn du mit Ober-/Unterhitze backst, rechne bei der empfohlenen Ofentemperatur noch 20 Grad dazu. Jeder Ofen ist unterschiedlich, weshalb die Backzeiten auch immer ein wenig variieren können. Also: den eigenen Ofen kennenlernen, ausprobieren, und irgendwann weiß man genau, wie man zum idealen Brotergebnis kommt.

- **Gib Dampf!** Dampf, auch Schwaden genannt, ist ein kleines Wundermittel beim Brotbacken: Er zaubert eine krosse Kruste, entscheidet darüber, ob das Brot beim Backen aufreißt, und gibt dem Teig optimalen Ofentrieb (d.h., dass er beim Backen aufgeht). Bei den Rezepten habe ich immer dazugeschrieben, ob und wann du Dampf geben und wann die ihn ablassen solltest.
  Wenn dein Backofen keine eigene Dampffunktion besitzt, kannst du beim Vorheizen ein feuerfestes Gefäß ganz unten in den Backofen geben (z.B. eine feuerfeste Schüssel oder ein Backblech). Wenn du das Brot in den Ofen schiebst, leerst du ein halbes Glas Wasser oder Eiswürfel in das Gefäß und machst dir so den Dampf selbst.
  Den Dampf lässt du am besten ab, indem du einen Kochlöffel in die Backofentür steckst.

- **Die richtige Backdauer** hängt nicht nur von Teig und Menge ab, sondern auch vom Ofen.

- **Zur groben Einschätzung kannst du dir merken:**
  - 750 g Brotteig = 45 Minuten Backzeit
  - 1 kg Brotteig = 50 Minuten Backzeit
  - 1,5 kg Brotteig = 70 Minuten Backzeit
  Um sicher zu sein, dass dein Brot fertig gebacken ist, machst du am besten den Klopftest. Klopfe dafür auf die Unterseite des Brotes: Klingt es hohl, kannst du es aus dem Ofen nehmen. Klingt es dumpf, gibst du es wieder in den Ofen und wiederholst den Test nach einigen Minuten.

▷ **Das Brotinnere** sollte eine Temperatur von 95 °C erreicht haben. So wird die Hefe inaktiv und das Brot besser bekömmlich.
   › Beim Herausnehmen des Brotes aus dem Ofen besprühst du es am besten nochmal kräftig mit Wasser. Das ist insbesondere bei Öfen ohne Dampffunktion wichtig, denn so bekommt dein Brot einen schönen Glanz und die Kruste bleibt geschmeidig.

Was der Kleber im Mehl zu suchen hat – *und wie du ihn dort findest*

In Weizen und Dinkel sind die Proteinfraktionen Gliadine und Glutenine enthalten – das ist der so genannte Feuchtkleber. Sie sorgen dafür, dass der Teig gut zusammenhält. Wenn du dir den Kleber mal genauer anschauen willst, kannst du ihn ganz einfach aus einem simplen Teig aus Mehl und Wasser extrahieren – **so geht's:**

① Nimm 10 g Mehl und 5 g Wasser und verknete beides zu einem geschmeidigen Teig.

② Halte den Teig unter fließendes Wasser (den Wasserhahn nur leicht aufdrehen) und knete den Teig mit dem Daumen weiter. Du kannst jetzt beobachten, wie das Wasser die Stärke aus dem Teig wäscht. Nach ein paar Minuten, wenn keine Stärke mehr aus dem Teig kommt, bleibt das Klebereiweiß über.

③ Knete jetzt mit trockenen Händen die Masse zwischen den Händen, bis sie klebrig wird.

④ Jetzt kannst du den Kleber abwiegen. Er sollte ca. 2,8 bis 3,5 g auf die Waage bringen. Das entspricht 28-35 % Kleberanteil in Weizenmehl Type 700 oder hellem Dinkelmehl.

⑤ Wenn du willst, kannst du jetzt auch die Dehnbarkeit des Klebers testen. Im Idealfall lässt er sich 5 cm dehnen, bevor er reißt. Bei Dinkel kann es auch mehr sein. Mit solchem Mehl bäckst du die besten Brote, Kuchen, Brioches etc.

Knetest du noch oder meditierst du schon: über das Teigkneten

Wie knete ich meinen Brotteig am besten? Von Hand, mit dem Mixer oder doch lieber mit der Küchenmaschine? Du denkst jetzt bestimmt: Einen Teig zu kneten, das kann doch nicht so schwer sein! Zutaten vermischen, danach verkneten und am Ende den Teig richtig formen. Aber gerade beim Brot ist es wichtig, den Teig richtig zu kneten.

Wichtig ist, die trockenen Zutaten gleich von Anfang an gut zu vermischen und gleichmäßig zu verteilen. Besonders die Hefe und andere Teiglockerungsmittel müssen gut und gleichmäßig verteilt werden, damit das Brot schön aufgeht. Die hohe Kunst des Teigknetens ist es, zu erkennen, wann der Teig fertig geknetet ist. Übung macht den Meister: Je mehr Brot du knetest, desto eher erkennst du, wann der Teig fertig ist.

Das Kneten von Hand

Knetest du deinen Teig mit den Händen, hast du den Vorteil, dass ein Überkneten kaum möglich ist. Je öfter du Brot bäckst und deinen Teig per Hand knetest, desto schneller wirst du auch erkennen, wann der Teig fertig ist. Je nach Zutaten solltest du einen Teig von ca. 1 kg etwa 6-10 Minuten gut durchkneten. Aber lass dir gesagt sein: Brotteige sind schwere Teige, da brauchst du einiges an Kraft, um sie gut durchzukneten.

Und so funktioniert's:
Nimm eine große Schüssel und gib zuerst die Mehle hinein. Im Anschluss gibst du alle weiteren trockenen Zutaten laut Rezept in die Schüssel (1), wie z.B. Trockensauerteig, Backmalz, Brotgewürz, Trockenhefe und Salz. Vermische nun alle trockenen Zutaten, am besten mit einer Teigspachtel, und brösle zum Schluss die Frischhefe vorsichtig über die Trockenmischung. Zu guter Letzt kommt das Wasser bzw. die flüssigen Zutaten dazu (2). Achte dabei auf die Wassertemperatur - diese variiert je nach Mehlsorte und Rezept.

Und nun beginnt der schönste Teil beim händischen Teigkneten. Rühre mit den Händen oder der Teigspachtel den Teig gut durch, indem du zum Wasser immer mehr und mehr Mehl dazurührst – von innen nach außen (3). Du wirst feststellen, dass der Teig zu Beginn sehr weich ist, durch das Rühren aber nach und nach immer fester wird (4). Der Duft von Mehl und Gewürzen steigt dir in die Nase – einfach herrlich! Wenn der Teig so fest ist, dass es zunehmend schwieriger wird, ihn in der Schüssel zu kneten, empfehle ich dir, ihn am Teigbrett fertig durchzukneten. So siehst du auch am besten, ob dein Teig noch etwas Wasser benötigt oder nicht. Denn: Wenn Mehl länger lagert, insbesondere in den warmen Sommermonaten, trocknet es schneller aus und der Teig braucht mehr Wasser. Fertig durchgeknetet ist der Teig, wenn alle Zutaten einheitlich miteinander vermischt und durchgeknetet sind. Bei Weizen- und Dinkelteigen ist es wichtig so lange zu kneten, bis die Oberfläche seidig glatt ist (5). So ist auch der Kleber im Teig (→ 53) gut ausgeknetet.

Forme zum Schluss eine Kugel und gib den Teig in die leicht mit Mehl bestaubte oder mit Öl ausgestrichene Schüssel zurück (6). Decke die Schüssel mit einem Leinentuch oder einem feuchten Baumwolltuch ab und lass den Teig ruhen (je nach Rezept). Leinen hat von Natur aus eine regulierende Wirkung und braucht daher nicht feucht gemacht werden.

Dein Tag rastet nun, bis er etwa um das Doppelte aufgegangen ist. Anschließend folgt das Ausformen des Teiges. So, wie du den Teig jetzt fertigstellst, kann er sich in der Gärphase für das fertige Brot entwickeln. Bestreue dein Teigbrett oder die Küchenoberfläche ein wenig mit dem Mehl, das in deinem Brotteig am meisten enthalten ist und knete ihn noch einmal gut durch. Dann formst du das Brot, wie du es gerne hättest bzw. je nachdem, welche Form dein Gärkörbchen hat. Lege den Teig mit dem Schluss – der Teigfalte – nach unten in das Gärkörbchen (1). So erhältst du eine knusprigere Kruste. Du kannst den Teig aber auch mit dem Schluss nach oben legen, dann bleibt deine Brotoberfläche auch nach dem Backen schön glatt. Anschließend bestäubst du den Teig ganz leicht mit Mehl (2), deckst ihn wieder zu und lässt ihn ein weiteres Mal rasten (je nach Rezept) (3).

Stürze deinen Brotteig nach der zweiten Gärphase auf ein mit Backpapier ausgelegtes Blech und ab damit in den vorgeheizten Backofen. Wenn du möchtest, kannst du den Teig noch ritzen. Dann erhältst du eine klassische Brotritze, das macht dein Brot noch knuspriger. Verwende dazu am besten ein scharfes Schneidemesser oder eine Rasierklinge mit Holzgriff. Hier sind deiner Fantasie keine Grenzen gesetzt – ritz dein Brot, ganz wie es dir gefällt.

Mühlengeheimnisse

Teigkneten ist das neue *Yoga!*

Laut einer Studie der Drexel-University in Philadelphia, ist es offenbar völlig egal, wie du deinen Brotteig zubereitest. Vielmehr geht es beim Brotbacken, genauer gesagt beim Teigkneten mit deinen Händen, um die kreative und, ja fast schon meditative, Beschäftigung, die für Stressabbau sorgt.

Ich finde, das händische Teigkneten ist eine Form von Meditation. Das Backen fördert die Achtsamkeit und du konzentrierst dich ausschließlich auf den Moment des Knetens, auf den Duft des frisch gemahlenen Mehls und der aromatischen Brotgewürze, vielleicht auch auf die Menschen, die das Brot genießen werden und wie aus den einfachsten Zutaten ein geschmeidiger Teig und später herrlich duftendes, krosses und unwiderstehliches Brot wird.

Wer anderen etwas Gutes tut, belohnt sich damit selbst am meisten!

Kneten mit dem Mixer oder der Küchenmaschine

Verfügst du über eine Küchenmaschine, bist du ein Glückspilz. Sie erledigt das Kneten ratzfatz für dich und schont deine Kräfte. Verwende dafür die richtigen Knethaken. Das Mischen der Zutaten erfolgt wie beim händischen Kneten. Die Zutaten mischen, die Hefe zerbröseln und das Wasser dazu. Und los geht's mit dem Mixen. Wieder von innen nach außen. Es dauert ca. 4-6 Minuten bis ein Teig von ca. 1 kg durchgeknetet ist. „Knete" den Teig in den ersten 1-2 Minuten auf niedriger Stufe und erhöhe für die Geschwindigkeit für die nächsten 3-5 Minuten auf mittlere Stufe. Sobald sich der Teig von der Schüssel löst und das gesamte Mehl vom Rand verknetet ist, ist der Teig fertig.

Beachte aber, dass der Knetvorgang unbedingt auf mittlerer Stufe erfolgt und nicht zu lange dauern sollte. Brotteige können auch überknetet werden, dann gehen sie nicht mehr auf.

Wie auch schon beim Kneten mit den Händen erwähnt, gilt auch hier: Weizen- und Dinkelteige müssen so lange geknetet werden, bis der Teig eine glatte Oberfläche hat. Beobachte das Kneten ganz genau und schalte eventuell deine Maschine zwischendurch mal aus, um die Festigkeit deines Teiges zu überprüfen.

Alle weiteren Vorgänge - den Teig ruhen lassen, nochmal durchkneten, ruhen lassen im Gärkörbchen, Formen - erfolgen in derselben Reihenfolge und den gleichen Schritten wie beim Kneten von Hand.

Küchenmaschinen gibt es in allen Größen, Preisklassen und Leistungsstärken. Ein einfaches, kostengünstiges Modell reicht allerdings aus, um zu einem guten Teigergebnis zu gelangen.

Knete deinen Teig nicht zu fest, damit er auch gut aufgehen kann.

Bei jeder der beiden Varianten ist es wichtig, dass der Teig so gut durchgeknetet ist, dass sich die Zutaten und das Wasser gut vermischt haben und sich die Hefe gleichmäßig im Teig verteilt hat. Achte besonders darauf, wie viel Wasser zusätzlich dein Teig während des Knetens benötigt.

Kontrolliere die Temperatur des Wassers. Roggenmehl benötigt z.B. warmes Wasser (bis zu 40 °C). Teige aus Weizen- oder Dinkelmehl können mit kaltem Wasser angerührt werden. Bei Mischbroten empfehle ich, umso mehr Roggenanteil, umso wärmer das Schüttwasser.

Gleich welche Mehlsorte, die Temperatur deines Mehls soll immer Zimmertemperatur (ca. 20-22 °C) haben. Am besten du wiegst dein Mehl schon am Vortag ab und lässt es in der Küche (zugedeckt) stehen.

Zum Bestauben des Gärkörbchens verwenden Bäcker einen Leinenbeutel aus grobem Leinen, der als Sieb dient, und bestreuen so hauchdünn und gleichmäßig die Körbchen. Du kannst natürlich auch ein normales Küchensieb verwenden. Verwende zum Bestauben am besten das Mehl, das den größten Anteil in deinem Brotteig ausmacht.

Brotteige aus Weizenmehl und Dinkelmehl sind einfacher zum Ritzen als Teige mit hohem Roggenmehlanteil. Glutenfreie Brotteige solltest du besser nicht ritzen, da diese schneller zusammenfallen können, wenn sie geritzt werden.

Mühlengeheimnisse

Brotbacken leicht gemacht: mit diesen Utensilien

Diese Utensilien sind beim Brotbacken sehr praktisch:

▷ **Mehlbesen** – Überschüssiges Mehl und andere trockene Zutaten lassen sich besser mit einem Besen abkehren, als mit einem feuchten Tuch abwischen. So vermeidest du verklebte Putztücher, Bürsten und Co.

▷ **Mehlschaufel** – Mehlschaufeln sind meist aus Holz oder Metall und bieten mehr Platz als herkömmliche Löffel. Mit ihnen lässt sich Mehl besonders gut aus den Mehlsäcken holen.

▷ **Mehlsieb** – Damit kannst du die Arbeitsfläche leicht anstauben und dem Teig erst gar keine Chance zum Haftenbleiben geben. Für den Brotteig selbst ist ein Mehlsieb nicht unbedingt erforderlich. Bei Rührteigen ist ein Sieb schon eher nützlich, weil damit Mehl und Staubzucker gleichmäßig in der Ei- bzw. Schneemasse verteilt werden können und dadurch ein Klumpen verhindert wird.

▷ **Nudelholz** – Das brauchst du zum Ausrollen des Teiges. Am besten bestäubst du das Nudelholz mit etwas Mehl, damit der Teig nicht daran haften bleibt und reißt. Bei kompakten Teigen kannst du ein schönes Muster eindrücken, wenn du ein Nudelholz mit Struktur hast (schau z.B. das Fastenbrot auf Seite 92 an).

▷ **Pinsel** – Mit dem Pinsel kannst du dein Brot mit Wasser bestreichen, bevor du es in den Ofen schiebst. Du kannst es stattdessen aber auch mit einer Sprühflasche befeuchten.

> **Ritzmesser** — Lass deiner Kreativität freien Lauf und verziere deine Brote mit tollen Mustern. Schöner Nebeneffekt: Bei den Schnittstellen kann der Dampf besser aus dem Brotinneren entweichen und das Brot reißt nicht so leicht auf. Je schärfer das Messer, desto genauer und einfacher kannst du den Teig einritzen.

> **Rührblitz** — Ein Rührblitz ist ähnlich wie ein Schneebesen, hat aber keine Metallschlaufen, sondern abstehende Streben mit kleinen Kügelchen. Mit dem Rührblitz lassen sich Zutaten, wie z.B. Mehl und Wasser für den Sauerteig, perfekt verrühren. Ich mag ihn, weil damit keine Klümpchen entstehen und der Teig gut von den Streben abgestrichen werden kann. Keinen Rührblitz bei der Hand? Dann kannst du auch eine Gabel nehmen.

> **Schüssel** — Die Schüssel verwendest du nicht nur, um die Zutaten zu vermischen und den Teig zu kneten, sondern auch, um ihn dort gehen zu lassen.

> **Teigkarte** — Damit holst du Teige (vor allem weiche) am einfachsten aus der Schüssel. Du kannst sie auch zum Verrühren verwenden. Außerdem kannst du mit Karten aus Metall Teige sehr gut teilen bzw. Teigstücke abstechen. Zum Säubern der Arbeitsfläche eignen sie sich nebenbei auch.

> **Teigspachtel** — Wenn du deinen Teig gern mit der Hand zusammenrührst, nimmst du am besten eine Teigspachtel zu Hilfe. Ein Kochlöffel tut's auch.

Weitere Utensilien sind zwar nicht zwingend erforderlich, können das Backen aber erleichtern. Bäckerleinen, Gärkörbchen, Knetmaschine, Thermometer, Backstein und Brotbackformen wie Kasten- und Toastbackformen oder Holzrahmen sind nur einige davon. Aus Erfahrung kann ich sagen: Eine solide Ausstattung macht Freude!

In einem Gärkörbchen (ein Körbchen in verschiedenen Formen und Größen, meist aus Peddigrohr oder Stroh) kann dein Teig besonders gut aufgehen, er behält seine Form und dein Brot bekommt das typisch gerillte Brotmuster auf der Oberseite. Wenn du gerade kein Gärkörbchen zur Hand hast, kannst du aber genauso gut eine Schüssel verwenden, um deinem Teig ein bisschen Ruhe und Geborgenheit zu gönnen.

Das kommt rein: die Zutaten

„Möge dein Backwerk gut gelingen, spare nicht an guten Dingen!"

Dieses Sprichwort sagt eigentlich alles: die Qualität der Zutaten bestimmt die Qualität deines Brotes. Auch wenn du Backanfänger bist und vielleicht noch nicht alle Tricks kennst, die dein Brot richtig gut machen: die Qualität der Zutaten hast du in der Hand.

> **Mehl** — Je nachdem, welches Mehl du verwendest (Getreidesorte, Helligkeit, Ausmahlungsgrad) wird dein Brot ganz anders. Die besten Backeigenschaften hat Weizen, dicht gefolgt von Dinkel und Roggen. Mit etwas Erfahrung kannst du auch Mehle gegeneinander austauschen. Auf Seite 23 findest du eine Tabelle zu diesem Thema.

> **Wasser** — Sauberes, klares Wasser ist neben Getreide die wertvollste Zutat. Damit der Teig die richtige Konsistenz bekommt, muss die Wassermenge passen. Je nach Rezept und Zubereitung sind bei den meisten Broten 50-80 % Wasser auf den Mehlanteil möglich. Mineralwasser kann bei speziellen Rezepten auch eingesetzt werden (z.B. im Rezept für die schnellen Brötchen, Seite 76). Die Kohlensäure macht dein Brot noch luftiger. Dafür muss der Teig schnell zusammengerührt und das Brot umgehend in den Ofen geschoben werden.

> **Salz** — Ich verwende für meine Brote immer Steinsalz. Es hat einen kurzen Transportweg vom Berg zu uns und

schmeckt hervorragend. Meersalz kann durch Steinsalz 1:1 ausgetauscht werden. Bei raffinierten Salzen werden bei der Herstellung oft Rieselhilfen beigemengt. Dadurch haben sie einen intensiveren, „bissigeren" Geschmack.

Rund 2-2,2 % Salz auf den Mehlanteil verträgt ein Brotteig. Wenn du Vollkornmehle verwendest, kannst du die Menge auch etwas reduzieren, da der Geschmack durch die enthaltene Kleie bereits intensiver ist.

▷ **Gewürze** — Gewürze oder Gewürzmischungen verleihen deinem Brot einen besonderen Geschmack. Traditionelle Brotgewürze sind Anis, Fenchel, Kümmel, Koriander und - eher unbekannt - Schabzigerklee, Galgant, Bertram und Kurkuma. Sie machen das Brot bekömmlich, haben sonst aber keinen Einfluss auf den Teig. Wenn du also keine Gewürze verwenden möchtest, kannst du sie einfach weglassen.

Triebmittel

▷ **Sauerteig** — Sauerteig ist mein Lieblings-Triebmittel - hätte ich sonst Rezepte für 7 verschiedene Sorten in dieses Buch aufgenommen? Es ist einfach faszinierend: Man gibt Mehl und Wasser in ein Glas und bekommt mit Hilfe von Wärme, Zeit und fleißiger Mikroorganismen einen aromatischen, lockernden Ansatz. Wenn du deinen Sauerteig 6-7 Tage züchtest, hat er so viel Triebkraft, dass du kein weiteres Triebmittel für dein Brot brauchst. Achtung bei getrocknetem Sauerteig: Er verleiht deinem Brot zwar ein herrliches Aroma, macht es aber nicht locker. Hier solltest du noch etwas Hefe hinzufügen.

▷ **Hefe** — Hefe sind Pilze, die, mit Zucker gefüttert, in warmer Umgebung Kohlendioxid bilden. Das Gas sorgt dafür, dass der Teig aufgeht und luftig wird. Wenn du Hefe als Triebmittel verwendest, ist es besonders wichtig, dass du lauwarmes Wasser in den Teig gibst - ist es zu kalt, arbeiten die Pilze nicht, ist es zu warm, sterben sie ab. 32 °C sind ideal. Achte bei frischer Hefe immer auf das Haltbarkeitsdatum, denn eine zu lange Lagerung lässt die Hefe austrocknen. Bei Trockenhefe genügt üblicherweise eine Packung für ein halbes Kilo Mehl.

Wenn du empfindlich auf Hefe reagierst, kannst du die angegebene Menge reduzieren. Verwende in diesem Fall 2-3 % Hefe von der angegebenen Mehlmenge für die Teiglockerung.

▷ **Backpulver** — Backpulver besteht meist aus Natriumhydrogencarbonat und Stärke. Dieses Triebmittel solltest du nur in Ausnahmefällen einsetzen, zum Beispiel wenn es besonders schnell gehen muss, oder wenn du keine Hefe essen darfst. Wenn Backpulver mitmischt, kommt nämlich der Mehlgeschmack nicht mehr so gut zur Geltung - und das ist doch ziemlich schade. Unter meinen Rezepten findest du vier mit Backpulver - die schnellen Brötchen auf Seite 76, das Ratzfatz-Brot auf Seite 79, das Eiweißbrot auf Seite 91 und das hefefreie Haferbrot auf Seite 103. Weniger geschmacksintensiv ist Backpulver aus natürlichem Weinstein.

▷ **Backmalz** — Backmalz ist kein Muss für den Brotteig, doch sein Aroma hat schon was! In Österreich ist Backmalz aus Roggen sehr beliebt - es verleiht dunklem Brot ein noch rustikaleres Aroma und gibt ihm eine schöne Färbung.

Auch Backmalz aus Gerste ist üblich (→ 91). Ganz neu aus unserer Mühle ist Backmalz aus Emmer. Das ist etwas ganz Besonderes, denn der Emmer wird leicht gemälzt, getrocknet und auf Stein vermahlen (→ 15).

Mit diesen wenigen Zutaten kannst du ein superknuspriges Brot zaubern. Natürlich kannst du noch mehr in dein Brot mischen. Wie wär's z.B. mit Schroten, gekeimten Körnern, Saaten, Topfen (Quark), Kartoffeln oder Ölen? Wie du diese Zutaten am besten einsetzt, erfährst du im nächsten Teil bei den Rezepten! Viel Spaß beim Nachbacken!

Ran ans Brot

50 Lieblingsrezepte
für Backanfängerinnen
und Brotprofis

Einfache Brote für jeden Tag

So schnell kann's gehen

Mühlenbrot

Dieses Rezept bedeutet mir sehr viel, denn es wird seit Generationen in meiner Familie weitergegeben. Die traditionellen dunklen Mehle machen das Brot besonders saftig und packen es voll mit Mineralstoffen und Spurenelementen.

Zubereitung

Alle trockenen Zutaten vermischen und mit der im Wasser aufgelösten Hefe zu einem Teig verkneten.

Den Teig zu einer Kugel formen und in der Rührschüssel oder einem Gärkörbchen mit einem feuchten Tuch zugedeckt 30-45 Minuten ruhen lassen.

Danach den Teig nochmals durchkneten, zu einer Kugel formen und weitere 30 Minuten zugedeckt im Gärkörbchen rasten lassen.

Anschließend auf ein mit Backpapier belegtes Blech stürzen, mit reichlich Wasser besprühen und nach Belieben mit einem Ritzmesser oder einem sehr scharfen, glatten Messer ein Muster in den Teig zeichnen. Im vorgeheizten Ofen backen.

Backzeit & Temperatur

- 10 Minuten bei 220 °C Heißluft mit Dampf
- Dampf ablassen und Temperatur auf 200 °C zurückdrehen
- 65-75 Minuten bei 200 °C Heißluft ohne Dampf fertig backen

Zutaten für 1 Brotlaib

640 g Roggenmehl T 960

100 g Weizenmehl T 1600
(alternativ: Weizenmehl T 700)

100 g Roggenmehl T 2500
(alternativ: Roggenvollkornmehl)

30 g Trockensauerteig

28 g Salz

2 g Brotgewürz

42 g frische Hefe
(alternativ: 2 Pkg. Trockenhefe)

700 g lauwarmes Wasser

1 Gärkörbchen
1 Tuch zum Abdecken
evtl. 1 Ritzmesser

Einfache Brote für jeden Tag

Dinkel-Buchweizenbrot

Das kräftige Aroma des Dinkelvollkornmehls und das nussige des Buchweizenmehls machen dieses Brot zu einer wahren Geschmacksexplosion! Damit das Brot durch den Dinkel nicht allzu trocken wird, ist es wichtig, dass du besonders genau auf die Zubereitung und die Zutaten achtest. Durch hochwertiges Olivenöl wird der Geschmack noch besser und das Brot bleibt länger frisch.

Zubereitung

Die Mehle und das Salz vermischen und die Hefe darüber bröseln.

Anschließend Öl, Wasser und Orangensaft dazugeben (Achtung: der Orangensaft sollte Raumtemperatur haben) und alles zu einem geschmeidigen Teig verkneten. Wenn sich der Teig leicht von der Schüssel lösen lässt, hat er die richtige Konsistenz. Die Schüssel mit einem feuchten Tuch abdecken und den Teig ca. 30 Minuten ruhen lassen.

Danach den Teig noch einmal durchkneten, in ein gut bemehltes Gärkörbchen legen und mit dem feuchten Tuch abdecken. Nochmals ca. 30 Minuten ruhen lassen.

Den Teig auf ein mit Backpapier ausgelegtes Blech stürzen und im vorgeheizten Backofen backen.

Backzeit & Temperatur

- 10 Minuten bei 230 °C Heißluft mit Dampf
- Dampf ablassen und Temperatur auf 200 °C zurückdrehen
- 30 Minuten bei 200 °C Heißluft ohne Dampf fertig backen

Zutaten für 1 Brotlaib

300 g Dinkelvollkornmehl
200 g Buchweizenmehl
12 g Salz
21 g frische Hefe
(alternativ: 1 Pkg. Trockenhefe)
3 EL Olivenöl
250 g lauwarmes Wasser
70 g Orangensaft
(alternativ: Wasser)

1 Gärkörbchen
1 feuchtes Tuch zum Abdecken

Reines Roggenbrot

einfach

Eine bekömmliche Mischung: Roggenmehl und Brotklee, auch Schabzigerklee genannt. Das intensive Gewürz passt besonders gut zu Broten mit hohem Roggenanteil und ist eine Wohltat für unsere Verdauung.

Zutaten
für 2 Brotlaibe

800 g Roggenmehl T 960
18 g Trockensauerteig
12 g frische Hefe
(alternativ: 1/2 Pkg. Trockenhefe)
15 g Salz
7 g Zucker
7 g Kümmel, Fenchel, Anis, Koriander gemischt
(alternativ: Brotgewürzmischung)
2 g Brotklee
480 g warmes Wasser
etwas Kleie zum Bestreuen

1 Tuch zum Abdecken

Zubereitung

Alle Zutaten gut vermengen und ca. 10 Minuten verkneten. Den Teig abdecken und ca. 2 Stunden gehen lassen.

Danach den Teig in 2 gleich große Stücke teilen. Mit bemehlten Händen aus den Teiglingen Laibe formen und diese auf ein mit Kleie bestreutes Backblech legen.

Nochmals 30 Minuten gehen lassen und anschließend im vorgeheizten Backofen backen.

Backzeit & Temperatur

- 5 Minuten bei 250 °C Heißluft mit viel Dampf
- Dampf ablassen und Temperatur auf 220 °C zurückdrehen
- 20-25 Minuten bei 220 °C Heißluft ohne Dampf fertig backen

Mühlengeheimnis

- Brotklee ist ein heimisches Brotgewürz. Viele verwechseln es mit Bockshornklee - die beiden sind zwar eng miteinander verwandt, für Brot eignet sich Bockshornklee trotzdem nicht.
- Roggenmehl mag es warm: Verwende deshalb für Brote mit hohem Roggenmehlanteil immer warmes Wasser (ca. 40 °C) zum Anrühren.

Einfache Brote für jeden Tag

Knuspriges Krustenbrot

Knusper, knusper, Knäuschen, wer knuspert in meinem Backofen? Mit einem einfachen Trick springt die Kruste auf und verwandelt den Laib zu einem kleinen krossen Brotwunder. Wer kann da schon widerstehen?

Zubereitung

Alle trockenen Zutaten vermischen, die Hefe darüber bröseln und mit dem Öl und dem Wasser zu einem geschmeidigen Teig gut verkneten. Den Teig zu einer Kugel formen und in einem Gärkörbchen oder einer Rührschüssel zugedeckt 30 Minuten bei 28-30 °C ruhen lassen.

Danach den Teig nochmals durchkneten, zu einer Kugel formen und mit der glatten Teigseite nach oben in das Gärkörbchen legen. Das ist auch schon der Trick für eine schöne aufgesprungene Kruste: auf diese Weise ist nach dem Herausstürzen des Teiges auf das Backblech die zusammengeschlagene Seite des Teigs oben. Diese Seite reißt beim Backen auf und ergibt eine fantastische Kruste.

Nochmals ca. 30 Minuten im Gärkörbchen zugedeckt gehen lassen.

Danach auf ein mit Backpapier ausgelegtes Blech stürzen und im vorgeheizten Ofen backen.

Backzeit & Temperatur

- 10 Minuten bei 230 °C Heißluft mit Dampf
- Dampf ablassen und Temperatur auf 200 °C zurückdrehen
- 40 Minuten bei 200 °C Heißluft ohne Dampf fertig backen

Zutaten für 1 Brotlaib

- 250 g Roggenmehl T 960
- 250 g Weizenmehl T 1600 (alternativ: Weizenmehl T 700)
- 100 g Weizenvollkornmehl
- 30 g Trockensauerteig
- 5 g Backmalz
- 13 g Salz
- 2 g Brotgewürz
- 12 g frische Hefe (alternativ: 1/2 Pkg. Trockenhefe)
- 12 g Pflanzenöl
- 400 g lauwarmes Wasser

- 1 Gärkörbchen
- 1 Tuch zum Abdecken

Mühlengeheimnis
- Durch das Vollkornmehl und das Öl bleibt das Brot besonders lange frisch.
- Das Backmalz sorgt für einen feinen Röstgeschmack.

Einfache Brote für jeden Tag

Dinkel-Roggenbrot

Dieser Laib erinnert mich an das selbstgebackene Brot meiner Großmutter, der „Muatta" - wie wir sie liebevoll nannten. Sie hat ihr ganzes Leben am Bauernhof verbracht und uns immer mit frischem Brot versorgt. Heute haben wir die Rollen getauscht und ich bringe ihr oft eines meiner Brote vorbei – wie dieses Dinkel-Roggenbrot.

Zubereitung

Die gekochte Kartoffel zerdrücken und mit allen weiteren Zutaten vermischen. Den Teig gut durchkneten und in einem bemehlten Gärkörbchen mit einem feuchten Tuch abgedeckt ruhen lassen. Anschließend den Teig nochmals durchkneten und weitere 30–40 Minuten gehen lassen. In dieser Zeit entfaltet sich das Aroma und der Teig geht nochmal gut auf.

Den Teig auf ein mit Backpapier ausgelegtes Blech stürzen und im vorgeheizten Ofen backen.

Wenn du möchtest, kannst du den Teig vor dem Backen mit einem Ritzmesser einritzen.

Backzeit & Temperatur

- 10 Minuten bei 230 °C Heißluft mit viel Dampf
- Dampf ablassen und Temperatur auf 200 °C zurückdrehen
- 60 Minuten bei 200 °C Heißluft ohne Dampf fertig backen

Zutaten für 1 Brotlaib

1 mittelgroße, gekochte Kartoffel
430 g Dinkelvollkornmehl
430 g Roggenvollkornmehl
100 g Roggenmehl T 960
9 g trockener Roggensauerteig
42 g frische Hefe
(alternativ: 2 Pkg. Trockenhefe)
3 g Brotgewürz
23 g Salz
620 g lauwarmes Wasser

1 Gärkörbchen
1 Tuch zum Abdecken
evtl. 1 Ritzmesser

Klassisches Bauernbrot

Wer kennt es nicht, das gute alte Bauernbrot?
Bei der Zusammensetzung der Zutaten gibt es hier kein Richtig oder Falsch. Meine Empfehlung, damit es lange frisch bleibt: Roggenmehl T 960 und Weizenmehl T 1600. Diese Typen sorgen nicht nur für ein gutes Aroma, sondern enthalten auch mehr Mineralstoffe.

Zubereitung

Alle trockenen Zutaten vermischen, die Hefe im Wasser auflösen und mit den trockenen Zutaten zu einem Teig verkneten. Wenn du frischen Sauerteig verwendest, mischst du ihn mit der Hefe und dem Wasser (reduzierte Menge!) und dann mit den trockenen Zutaten.

Den Teig zugedeckt ca. 30 Minuten rasten lassen, anschließend nochmals gut durchkneten und in ein gut bemehltes Gärkörbchen geben. Dort weitere 30 Minuten gehen lassen.

Nun den Teig auf ein mit Backpapier ausgelegtes Blech stürzen und nach Belieben einritzen. Im vorgeheizten Ofen backen.

Backzeit & Temperatur

- 15 Minuten bei 230 °C Heißluft mit viel Dampf
- Dampf ablassen und Temperatur auf 200 °C zurückdrehen
- 45 Minuten bei 200 °C Heißluft ohne Dampf fertig backen

Perfect Finish

Nimm dein Brot nach dem Backen aus dem Ofen und wische mit einem feuchten Tuch darüber oder besprüh es mit Wasser. Das Wasser verdampft sofort, zurück bleibt eine glänzende Kruste.

Zutaten für 1 Brotlaib

750 g Roggenmehl T 960
250 g Weizenmehl T 1600
30 g trockener Roggensauerteig
(alternativ: 100 g frischer Roggensauerteig, siehe Seite 41; wenn du frischen Sauerteig verwendest, reduziere die Wassermenge um ca. 80 g)
20 g Salz
4 g Brotgewürz
42 g frische Hefe
600 g warmes Wasser
(ca. 40 °C)

1 Gärkörbchen
1 Tuch zum Abdecken
evtl. 1 Ritzmesser

Special

Osterschinken in Brotteig
- Den Teig gleichmäßig ausrollen und den ca. 1,5 kg schweren gekochten Schinken ohne Schwarte damit umhüllen. Achte darauf, dass die Teigschicht um den Schinken überall gleich dick ist. Nun in den vorgeheizten Ofen geben und 10 Minuten bei 200 °C mit viel Dampf backen.
- Dampf ablassen und auf 160 °C zurückdrehen.
- 50 Minuten bei 160 °C Heißluft ohne Dampf fertig backen.

Schnelle Brötchen

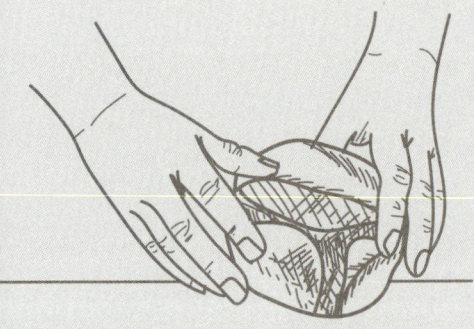

Dieses Rezept ist perfekt für alle Einsteiger!
Es gelingt mit fast allen Mehlsorten und ist schnell und einfach. Also: Lieblingsmehl aussuchen und los geht's! PS: Es ist auch ideal, um Mehlreste aufzubrauchen.

Zutaten
für 12 Brötchen

500 g Mehl
14 g Salz
10 g Reinweinsteinbackpulver
(alternativ: normales Backpulver)
2 g Brotgewürz
520 g stark prickelndes Mineralwasser
(Zimmertemperatur)

Zubereitung

Die trockenen Zutaten vermischen und rasch mit dem Mineralwasser – am besten mit der Küchenmaschine – verrühren, damit die Kohlensäure im Teig bleibt.

Mit einem Löffel Brötchen formen und auf ein mit Backpapier ausgelegtes Blech geben und im vorgeheizten Ofen backen.

Du kannst den Teig statt auf ein Blech auch in 12 Muffinförmchen aufteilen. Fette die Formen ein und dosiere den Teig mit einem Löffel.

Backzeit & Temperatur

- 25 Minuten bei 200 °C Heißluft mit Dampf

Tipps von der Müllerin
- Bei diesem Brot kannst du ganz unterschiedliche Mehlsorten vermischen – von welchen du wie viel verwenden kannst, findest du auf Seite 23.
- Das Rezept ist ideal, wenn du oder deine Lieben eine spezielle Getreideunverträglichkeit habt.

Einfache Brote für jeden Tag

Ratzfatz-Brot

Du magst es zackig und simpel? Dann wirst du das Ratzfatz-Brot lieben! Du brauchst dazu nur wenige Zutaten, eine Schüssel und eine Gabel zum Rühren. Und schon duftet es nach frisch gebackenem Brot!

Zubereitung

Alle trockenen Zutaten vermischen. Wasser dazugeben und mit einer Gabel zu einem weichen Teig verrühren.

Den Teig in eine geölte Kastenform oder auf ein mit Backpapier ausgelegtes Blech geben und in den kalten Backofen schieben. Nun die Temperatur einstellen und das Brot backen.

Backzeit & Temperatur

- 40-45 Minuten bei 200 °C Heißluft

Zutaten
für 1 Brotlaib

240 g Roggenmehl T 960

240 g helles Dinkelmehl oder Weizenmehl T 700

16 g Reinweinsteinbackpulver
(alternativ: normales Backpulver)

12 g Salz

2 g Brotgewürz

450 g Wasser

evtl. 1 Kastenform

Einfache Brote für jeden Tag

Pfannenbrot

1, 2, 3 – Pfannenbrot herbei! Dieses Brot ist ideal, wenn du ganz schnell in ein frisches, selbst gemachtes Brot beißen willst. Und dafür auch noch nur ganz wenige Zutaten zu Hause hast.

Zubereitung

Alle Zutaten zu einem Teig vermischen und in einer geölten Schüssel an einem warmen Ort 20-25 Minuten gehen lassen. Vom Teig 8-12 Stücke zu je ca. 70-100 g abschneiden, Kugeln formen und mit der Handfläche zu 0,5 cm dicken Fladen flach drücken oder ausrollen.

Die Fladen in einer beschichteten Pfanne bei mittlerer Hitze ohne Fett beidseitig goldbraun backen.

Backzeit & Temperatur

- ca. 3-4 Minuten pro Seite bei mittlerer Hitze

Zutaten
für ca. 8-12 Pfannenbrote

500 g Weizenmehl T 700 oder helles Dinkelmehl
42 g frische Hefe
(alternativ: 1 Pkg. à 11 g Trockenhefe)
14 g Salz
30 g Olivenöl
260 g Wasser

1 beschichtete Pfanne

Tipp von der Müllerin

- Du kannst bis zu 50 g des Weizenmehls durch eine beliebige andere Mehlsorte ersetzen.

Topfenbrot (Quarkbrot)

Warum ich Topfen ins Brot gebe? Ganz einfach: Er liefert viel Eiweiß, macht das Brot saftig und kann teilweise sogar Sauerteig ersetzen. Dabei gilt: Je fetter der Topfen, desto saftiger das Brot!

Zutaten
für 1 Brotlaib

42 g frische Hefe
(alternativ: 1 Pkg. à 11 g Trockenhefe)
375 g lauwarmes Wasser
250 g helles Dinkelmehl
17 g Salz
250 g Weizenmehl T 700
200 g Roggenmehl T 960
2 g Brotgewürz
250 g Topfen (Quark)

1 Gärkörbchen
(alternativ: 1 geölte Kastenform)
1 Tuch zum Abdecken

Zubereitung

Die Hefe in 125 g lauwarmem Wasser auflösen und mit 200 g des Dinkelmehls vermischen. Den Teig ca. 30 Minuten gehen lassen. Das Salz im restlichen Wasser (250 g) auflösen und mit dem übrigen Mehl, den Gewürzen und dem Topfen zum vorher zubereiteten Teig geben.

Den Teig zuerst auf langsamer Stufe ca. 3 Minuten, danach auf mittlerer Stufe ca. 5 Minuten kneten (am besten in der Küchenmaschine), bis er sich leicht vom Schüsselrand löst.

Den Teig in ein bemehltes Gärkörbchen oder in eine geölte Kastenform legen und mit einem feuchten Tuch abdecken. 15 Minuten gehen lassen.

Nun den Teig auf ein mit Backpapier ausgelegtes Blech stürzen oder in der Kastenform im vorgeheizten Ofen backen.

Backzeit & Temperatur

- 10 Minuten bei 230 °C Heißluft mit viel Dampf
- Dampf ablassen und Temperatur auf 200 °C zurückdrehen
- 50 Minuten bei 200 °C Heißluft ohne Dampf fertig backen

Einfache Brote für jeden Tag

Zwiebelbrot mit Kardamom

Wenn Zwiebel und Kardamom aufeinandertreffen, kann geschmacklich schon mal nichts mehr schiefgehen. Ein weiterer Grund, warum du dieses Brot unbedingt probieren solltest: Kardamom ist ein Tut-gut-Gewürz für deinen Magen und deine Verdauung.

Zubereitung

Die gerösteten Zwiebeln mit den Mehlen, dem Kardamom und dem Salz in einer Schüssel vermischen. Die Hefe darüber bröseln und alles gut mit dem Wasser zu einem Teig verkneten. Den Teig ca. 30 Minuten in der Schüssel mit einem feuchten Tuch abgedeckt ruhen lassen.

Anschließend den Teig nochmals kurz durchkneten und im gut bemehlten Gärkörbchen weitere 30 Minuten gehen lassen.

Auf ein mit Backpapier belegtes Blech stürzen und im vorgeheizten Backofen backen.

Backzeit & Temperatur

- 10 Minuten bei 230 °C Heißluft mit Dampf
- Dampf ablassen und Temperatur auf 200 °C zurückdrehen
- 30 Minuten bei 200 °C Heißluft ohne Dampf fertig backen

Zutaten für 1 Brotlaib

100 g geröstete Zwiebeln
350 g Roggenmehl T 960
150 g helles Dinkelmehl
1 g geriebener Kardamom
14 g Salz
21 g frische Hefe
300 g lauwarmes Wasser

1 Gärkörbchen
1 Tuch zum Abdecken

Vorschussbrot

Der Name dieses Brotes leitet sich von der Bezeichnung des hellsten Roggenmehls T 500 ab, das auch Vorschussmehl genannt wird und bei der Roggenvermahlung als Erstes anfällt. Zusammen mit den Kartoffeln und der Buttermilch bekommst du damit ein herrlich saftiges Brot.

Zubereitung

Alle Zutaten gut vermischen und zu einem Teig verkneten.

Den Teig bei max. 40 °C 1-2 Stunden gehen lassen. Anschließend nochmals gut durchkneten und in ein Gärkörbchen geben und weitere 30 Minuten ruhen lassen.

Dann auf ein mit Backpapier ausgelegtes Blech stürzen, das Brot ritzen, mit Wasser besprühen und in den vorgeheizten Backofen geben.

Backzeit & Temperatur

- 15 Minuten bei 230 °C Heißluft mit Dampf
- Dampf ablassen und Temperatur auf 190 °C zurückdrehen
- 45 Minuten bei 190 °C Heißluft ohne Dampf fertig backen

**Zutaten
für 1 Brotlaib**

**500 g Roggenmehl T 500
500 g Weizenmehl T 700
500 ml Buttermilch
2 gekochte, geriebene Kartoffeln
21 g frische Hefe**
(alternativ: 1 Pkg. Trockenhefe)
25 g Salz

1 Gärkörbchen

Einfache Brote für jeden Tag

Rezepte für einen gesunden Körper

Wohlfühl-Brote

Basenbrot

Dein Bauch wird es lieben! Buchweizen, Hirse und Leinsamen schmecken nicht nur, sondern wirken auch basisch. Damit kann dieses Brot helfen, den Säure-Basen-Haushalt deines Körpers im Gleichgewicht zu halten.

Zutaten
für 1 Brotlaib

300 g Buchweizenmehl
100 g Dinkelvollkornmehl
120 g Hirsemehl
(von der Gold- bzw. Gelbhirse)
100 g Leinsamen
(wenn möglich geschrotet)
100 g Sonnenblumenkerne
40 g Sesam
15 g Guarkernmehl
(alternativ: Johannisbrot-kernmehl)
14 g Salz
2 Pkg. Trockenhefe
50 g Leinöl
(alternativ: Traubenkernöl)
450 g lauwarmes Wasser

1 Kastenform

Zubereitung

Alle trockenen Zutaten vermischen. Dann das Öl und das Wasser dazugeben und gut unterrühren, sodass ein gleichmäßiger Teig entsteht. Der Teig ist etwas klebrig.

Den Teig in eine geölte Kastenform geben und mit nassen Händen glattstreichen.

1-2 Stunden gehen lassen und anschließend im vorgeheizten Backofen backen.

Backzeit & Temperatur

- 50-60 Minuten bei 180 °C Heißluft in der Form backen
- Das Brot aus der Form auf einen Gitterrost stürzen und 10 Minuten bei gleicher Temperatur ohne Form fertig backen

Eiweißbrot

Wenn du auf deine Linie achten willst, aber abends nicht auf Brot verzichten willst, ist das Eiweißbrot mit seinem niedrigen Kohlenhydratanteil eine gute und abwechslungsreiche Alternative. Der besondere Geschmack sorgt aber auch für Abwechslung am Frühstückstisch.

Zubereitung

Die Eier mit dem Handmixer sehr schaumig rühren. Den Topfen hinzufügen und mit dem Schneebesen gut untermischen.

Die trockenen Zutaten vermischen und anschließend zur Ei-Topfenmasse geben und alles gut verrühren.

Anschließend den Teig in eine geölte Kastenform geben, mit Sonnenblumenkernen bestreuen und im vorgeheizten Backofen backen.

Backzeit & Temperatur

- 50-60 Minuten bei 180 °C Heißluft

Tipp von der Müllerin
- Aus der Masse kannst du auch kleine Brötchen formen. Verkürze die Backzeit in diesem Fall auf ca. 30 Minuten.

Zutaten für 1 Brotlaib

4 Eier
250 g Topfen (Quark)
50 g Sojamehl
50 g Weizenkleie
50 g Bohnenmehl
(alternativ: Amarantmehl oder geschrotete Leinsamen)
20 g Weinsteinbackpulver
13 g Salz
Sonnenblumenkerne zum Bestreuen

1 Kastenform

Fastenbrot

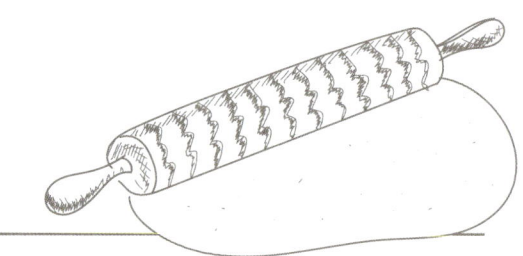

Du willst deine Ernährung umstellen?
Dann ist dieses Brot perfekt für dich, denn es wird ohne Hefe und mit 100 % Vollkornmehl gebacken. Es hilft bei Verdauungsproblemen und ist auch ideal zum Knabbern für zwischendurch.

Zutaten
für 2 Bleche

200 g Dinkelvollkornmehl
(am besten steinvermahlen)
100 g Weizenvollkornmehl
150 g Wasser
35 g Sonnenblumenöl
(alternativ: Olivenöl)
3 g Salz

Zum Bestreuen
(nach Geschmack):
gehackte Sonnenblumen-
und Kürbiskerne
Sesam
schwarzer Sesam
ganze oder geschrotete
Leinsamen
Schwarzkümmel

1 Nudelholz
evtl. 1 Musternudelholz
1 Teigrad
(alternativ: 1 Messer)

Zubereitung

Alle Zutaten zu einem geschmeidigen Teig verkneten. Bei Bedarf noch etwas Wasser zugeben.

Den Teig in Frischhaltefolie wickeln und im Kühlschrank ca. 30 Minuten rasten lassen. Wenn du gerade keine Zeit zum Weiterarbeiten hast, kann die Ruhephase auch bis zu 24 Stunden dauern.

Den Teig in 2 gleich große Stücke teilen. 2 niedrige Bleche mit Backpapier belegen und diese mit Mehl bestreuen. Den Teig darauf sehr dünn ausrollen. Damit das Backpapier auf dem Blech nicht verrutscht, kannst du es mit ein paar Tropfen Öl am Blech „festkleben". Je dünner du den Teig ausrollst, desto knuspriger wird dein Brot.

Backzeit & Temperatur

- 15-20 Minuten bei 180 °C Heißluft

Tipp von der Müllerin
- 50 g des Weizenvollkornmehls kannst du durch Vollkornmehl aus Roggen, Einkorn, Emmer oder Gerste ersetzen.

Schritt für Schritt zum Fastenbrot:

Den ausgerollten Teig mit etwas Mehl bestreuen.

Mit einem Musternudelholz kannst du dem Teig ein Muster geben.

Den Teig mit einem Teigrad in Vierecke, Rechtecke oder Rauten teilen.

Mit Wasser besprenkeln oder besprühen und nach Kreativität und Geschmack bestreuen.

 Das Fastenbrot im vorgeheizten Ofen backen. Pass auf, dass das Brot nicht zu dunkel wird.

Tipp von der Müllerin — Das Brot eignet sich besonders gut zum Einfrieren. Aufgetaut schmeckt es immer noch sehr saftig.

Glutenfreies Buchweizenbrot

Bei diesem glutenfreien Brot hast du die Wahl: Du kannst es mit frischem, glutenfreiem Sauerteig machen oder mit Hefe. Nimmst du die Hefe, geht's einfach und schnell, nimmst du den Sauerteig, wirst du mit einem geschmacksintensiveren Brot belohnt, das länger frisch und saftig bleibt.

Zubereitung

Variante mit Sauerteig:

Alle Zutaten gut zu einem breiigen Teig verrühren. Achtung: Die angegebene Wassermenge ist ein Richtwert! Da die Wasseraufnahme von Buchweizenmehl variieren kann, achte bitte besonders auf die richtige Teigkonsistenz.

Die fertig verrührte Masse in eine mit Backpapier ausgelegte Kastenform füllen und zugedeckt ca. 10 Stunden rasten lassen. Der Teig sollte ca. um 1/3 bis das Doppelte aufgegangen sein, bevor du ihn in den vorgeheizten Ofen gibst. Das kann evtl. auch länger als 10 Stunden dauern - gib dem Teig die nötige Zeit.

Variante mit Hefe:

Hefe im lauwarmen Wasser auflösen.

Alle Zutaten zu einem breiigen Teig vermischen. Den Teig zugedeckt in einer mit Backpapier ausgelegten Kastenform ca. 45 Minuten gehen lassen und anschließend in den vorgeheizten Ofen geben.

Backzeit & Temperatur

- 40 Minuten bei 200 °C Heißluft
- Das Brot aus der Form auf einen Gitterrost stürzen und nochmals 5-10 Minuten bei gleicher Temperatur fertig backen

Zutaten für 1 Brotlaib

150 g Buchweizenmehl
100 g Reismehl
200 g Maisstärke
10 g Guarkernmehl
150 g frischen Buchweizensauerteig (siehe Seite 45) oder
21 g frische Hefe
15 g Salz
15 g Rohrzucker
275 g lauwarmes Wasser

1 Kastenform
1 Tuch zum Abdecken

Wissenswertes

Was ist Ruchmehl?
Ruchmehl ist Weizenmehl, das noch die äußersten Schalenschichten enthält. In ihm stecken deshalb mehr Eiweiß, Mineralstoffe und Vitamine als in reinem Weißmehl.

Keimlingsbrot

Frische Weizenkeime sind ein echter Jungbrunnen: Sie enthalten jede Menge Spermidin und das wirkt sich positiv auf unsere Körperzellen aus. Eigentlich ist dieses Brot also eine knusprige Verjüngungskur, die noch dazu besonders fein schmeckt und einfach zum Selbermachen ist.

Zubereitung

Die Hefe im Wasser auflösen und die trockenen Zutaten vermischen. Alles zu einem Teig verkneten.

Den Teig ca. 30 Minuten mit einem feuchten Tuch abgedeckt ruhen lassen.

Danach nochmals mit der Hand durchkneten und in ein gut bemehltes Gärkörbchen geben. Weitere 30 Minuten gehen lassen.

Anschließend auf ein mit Backpapier ausgelegtes Blech stürzen und im vorgeheizten Backofen backen.

Backzeit & Temperatur

- 10 Minuten bei 230 °C Heißluft mit viel Dampf
- Dampf ablassen und Temperatur auf 180 °C zurückdrehen
- 20 Minuten bei 180 °C Heißluft ohne Dampf fertig backen

Zutaten für 1 Brotlaib

42 g frische Hefe (alternativ: 1 Pkg. à 11 g Trockenhefe)
450 g lauwarmes Wasser
550 g Ruchmehl (alternativ: Dinkelvollkornmehl oder Weizenmehl T 700)
100 g Weizenkeime
20 g Salz
100 g gemahlene Erdmandeln (alternativ: geriebene Mandeln)

1 Gärkörbchen
1 Tuch zum Abdecken

Sechs-Körner-Brot

Was für eine Körnerbombe! Das Einzigartige an diesem Brot ist nicht nur sein Geschmack – auch optisch punktet es mit seinen unterschiedlichen Mehlfarben: von weiß über gelb zu grün und braun – wunderschön und superaromatisch!

Zubereitung

Alle trockenen Zutaten vermischen, die Hefe mit dem Öl und dem Wasser vermischen und alles zu einem Teig verkneten.

Den Teig zu einer Kugel formen und in einem Gärkörbchen oder einer Rührschüssel mit einem feuchten Tuch abgedeckt 30-45 Minuten ruhen lassen.

Den Teig nochmals durchkneten, wieder zu einer Kugel formen und weitere 30 Minuten in einem Gärkörbchen zugedeckt rasten lassen.

Anschließend auf ein mit Backpapier belegtes Blech stürzen, mit reichlich Wasser besprühen und nach Belieben mit einem sehr scharfen glatten Messer den Teig einritzen. Im vorgeheizten Ofen backen.

Backzeit & Temperatur

- 10 Minuten bei 230 °C Heißluft mit Dampf
- Dampf ablassen und Temperatur auf 200 °C zurückdrehen
- 65-75 Minuten bei 200 °C ohne Dampf fertig backen

Zutaten für 1 Brotlaib

- 50 g Amarantmehl
- 50 g Hirsemehl
- 150 g Roggenmehl T 960
- 50 g Dinkelvollkornmehl
- 50 g Maismehl
- 50 g Buchweizenmehl
- 100 g Weizenvollkornmehl
- 300 g Weizenmehl T 700
- 20 g Kartoffelflocken (alternativ: Püreepulver)
- 17 g Salz
- 21 g frische Hefe (alternativ: 1 Pkg. Trockenhefe)
- 10 g Pflanzenöl, z.B. Sonnenblumenöl
- 530 g lauwarmes Wasser

- 1 Gärkörbchen
- 1 Tuch zum Abdecken
- evtl. 1 Ritzmesser

Tipp von der Müllerin

- Wenn du kein Weizenmehl verwenden möchtest, kannst du es durch Dinkelmehl ersetzen.
- Kein Amarant-, Hirse-, Buchweizen- oder Maismehl zu Hause? Kein Problem: Du kannst die angegebenen Mengen beliebig mit anderen Mehlen austauschen.
- Die Kartoffelflocken sorgen dafür, dass das Brot frisch bleibt – wenn du keine Flocken hast, kannst du einfach zwei gekochte Kartoffeln (ohne Schale) raspeln und dafür die Wassermenge um ca. 80 g reduzieren.

Saatenbrot

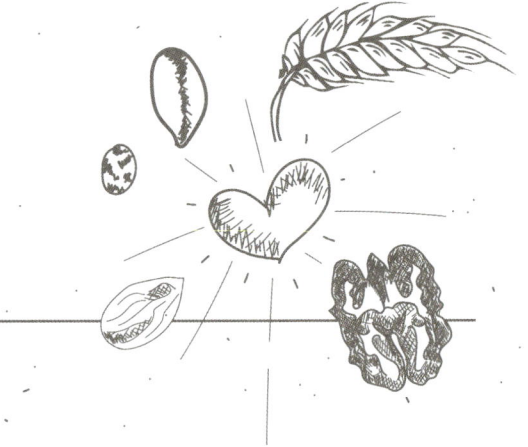

Dieses Brot ist voll mit Omega-3-Fettsäuren:
Dank Leinsamen, Chiasamen und Nüssen strotzt es nur so vor den gesunden Fettsäuren und macht damit Herz und Hirn fit.

Zutaten
für 1 Brotlaib

500 g Dinkelmehl
250 g Wasser
1 Pkg. Trockenhefe
13 g Salz
20 g Leinöl
30 g Chiasamen
30 g Leinsamen
30 g ganze oder gehackte Walnüsse
(alternativ: geriebene Mandeln)

1 Kastenform
Leinsamen zum Bestreuen

Zubereitung

Mehl und Wasser zu einem Teig vermischen und diesen 2 Stunden rasten lassen.

Danach die restlichen Zutaten dazu geben, gut verkneten und den Teig in eine geölte Kastenform geben. Weitere 30 Minuten gehen lassen. Das Brot kann vor dem Backen noch mit Leinsamen bestreut werden.

Anschließend in den kalten Backofen stellen, die Temperatur einstellen und backen.

Backzeit & Temperatur

- 40 Minuten bei 200 °C Heißluft
- Das Brot aus der Form auf einen Gitterrost stürzen und ca. 5 Minuten fertig backen

Oh, mega!

Omega-3-Fettsäuren sind nicht nur toll, weil das schon ihr Name sagt, sondern auch, weil:

die Fettsäuren dein Herz durch einen gesunden Cholesterinspiegel und Blutdruck unterstützen

sie deine Gehirnwindungen schmieren

sie deine Augen unterstützen.

Hefefreies Haferbrot

Hafer am Morgen vertreibt Kummer und Sorgen! Und das nicht nur im Müsli, sondern auch im Brot. Dieses Rezept kommt auch noch ohne Hefe aus und ist deshalb eine willkommene Abwechslung.

Zubereitung

Mehl, Haferflocken, Backpulver, Natron, Zucker und Salz in einer großen Schüssel gut vermischen.

Ei und Joghurt miteinander verquirlen, zur Mehlmischung geben und anschließend alles sehr gut zu einem festen Teig verkneten. Sollte der Teig zu fest sein, noch etwas Wasser oder Joghurt dazugeben.

Den Teig zu einem Laib formen und auf ein mit Backpapier belegtes Blech legen. Der Teig muss nicht ruhen, sondern kann gleich in den vorgeheizten Backofen.

Backzeit & Temperatur

- 40 Minuten bei 200 °C Heißluft mit viel Dampf

Zutaten für 1 Brotlaib

500 g Hafermehl (gemahlene Haferflocken)
100 g zarte Haferflocken
10 g Backpulver (alternativ: Reinweinsteinbackpulver)
8 g Natron
20 g Zucker
15 g Salz
1 Ei
400 g Naturjoghurt

Tipp von der Müllerin

- Das Hafermehl kannst du ganz einfach aus Haferflocken herstellen. Einfach in den Mixer und los geht's! Gib die Haferflocken aber nicht alle auf einmal in den Mixer, sondern in kleinen Mengen, ca. 6-8 Esslöffel pro Mixtour haben gut Platz. Bei größeren Mixern darf es auch mehr sein.

Urkornbrot

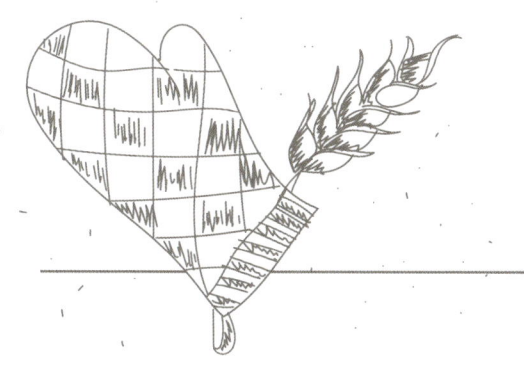

Die alten Getreidesorten sind wieder im Kommen - und das ist gut so! Denn sie sind nicht nur gesund und nahrhaft, sondern schmecken auch wahnsinnig köstlich. Eine absolute Empfehlung der Müllerin! Wenn du mehr über Urgetreide wissen möchtest - schau auf Seite 15.

Zutaten
für 1 Brotlaib

145 g Dinkelvollkornmehl
70 g Einkornvollkornmehl
70 g Emmervollkornmehl
180 g Roggenmehl T 960
20 g Gerstenmehl
(alternativ: Dinkelvollkornmehl)
5 g trockener Roggensauerteig
12 g Salz
2 g Brotgewürz
1 kleine gekochte, geriebene Kartoffel
21 g frische Hefe
(alternativ: 1 Pkg. Trockenhefe)
330 g lauwarmes Wasser

1 Gärkörbchen
evtl. 1 Ritzmesser

Zubereitung

Alle trockenen Zutaten vermischen und mit der geriebenen Kartoffel, der Hefe und dem Wasser gut zu einem Teig verkneten. Den Teig 30 Minuten ruhen lassen.

Danach den Teig nochmals durchkneten und in ein gut bemehltes Gärkörbchen geben. Weitere 30 Minuten ruhen lassen.

Anschließend den Teig auf ein mit Backpapier ausgelegtes Blech stürzen. Das Brot nach Belieben einritzen und im vorgeheizten Backofen backen.

Backzeit & Temperatur

- 10 Minuten bei 230 °C Heißluft mit viel Dampf
- Dampf ablassen und Temperatur auf 200 °C zurückdrehen
- 40 Minuten bei 200 °C Heißluft ohne Dampf fertig backen

Hanfbrot

einfach

Hanf kehrt zurück auf unsere Teller – und macht uns dort sehr glücklich! Denn die Samen schmecken nicht nur, sondern halten uns auch fit und gesund.

Zutaten
für 1 Brotlaib

330 g Weizenmehl T 700
100 g Weizenmehl T 1600
25 g Roggenmehl T 2500
(alternativ: Roggenmehl T 960)
5 g trockener Roggensauerteig
12 g Salz
50 g Hanfsamen
2 g Brotgewürz
1 Pkg. Trockenhefe
300 g lauwarmes Wasser
Hanfsamen zum Verzieren

1 Gärkörbchen
evtl. 1 Ritzmesser

Zubereitung

Alle trockenen Zutaten vermischen und mit dem Wasser zu einem Teig verkneten. Den Teig 30 Minuten ruhen lassen.

Danach den Teig nochmals durchkneten und in ein gut bemehltes Gärkörbchen geben. Weitere 30 Minuten gehen lassen.

Dann den Teig auf ein mit Backpapier ausgelegtes Blech stürzen. Wenn du willst, kannst du den Teig mit Wasser besprühen, beliebig einschneiden und Hanfsamen rundum anbringen. Im vorgeheizten Ofen backen.

Backzeit & Temperatur

- 10 Minuten bei 230 °C Heißluft mit viel Dampf
- Dampf ablassen und Temperatur auf 200 °C zurückdrehen
- 40 Minuten bei 200 °C Heißluft ohne Dampf fertig backen

Perfect Finish

Nimm dein Brot nach dem Backen aus dem Ofen und wische mit einem feuchten Tuch darüber oder besprüh es mit Wasser. Das Wasser verdampft sofort, zurück bleibt eine glänzende Kruste.

Brot-Geschenke für dich und mich

So gut, dass man sie teilen muss

Dinkelciabatta mit Rosmarin

Dieses Ciabatta eignet sich hervorragend, um Stück für Stück davon abzureißen und zu schnabulieren. Durch den Weizensauerteig (ein absolutes Muss für diesen italienischen Liebling) bekommt dieses Brot eine besonders feine Geschmacksnote.

Zutaten
für 1 Ciabatta

1000 g helles Dinkelmehl
(alternativ: Weizenmehl T 700)
40 g Hartweizengrieß
100 g Hirsemehl
(alternativ: helles Dinkelmehl, Gerstenmehl oder Weizenmehl T 700)
10 g trockener Weizensauerteig
24 g Salz
1 g frischer oder getrockneter Rosmarin
42 g frische Hefe
(alternativ: 2 Pkg. Trockenhefe)
640 g Wasser

1 Ritzmesser
(alternativ: 1 scharfes Messer)

Zubereitung

Alle Zutaten vermengen und zu einem Teig verkneten. Den Teig ca. 30 Minuten gehen lassen.

Danach auf einem Backblech (ca. 30 x 40 cm) leicht ausrollen und einschneiden. Etwas Mehl in die Schnittspalten geben, damit sie nicht zusammenkleben. Im vorgeheizten Ofen backen.

Backzeit & Temperatur

- 35 Minuten bei 200 °C Heißluft mit Dampf

Französisches Baguette

Ein Brot, dessen Herstellung per Gesetz geregelt ist? Das gibt's nur in Frankreich! Deshalb kann sich auch nicht jedes beliebige Baguette „original französisch" nennen. Wenn es nach französischer Tradition sein soll, darf es nur Weizenmehl, Wasser, Salz und Hefe enthalten und muss von einer handwerklichen Bäckerei, einer „boulangerie artisanale", hergestellt werden. Mit diesem einfachen Rezept gelingt dir das Baguette – auch, wenn du kein französischer Bäcker bist.

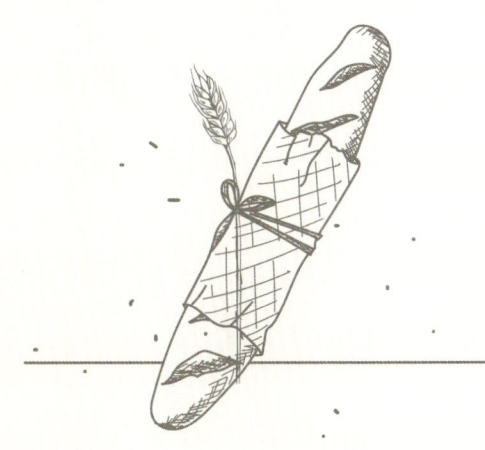

Zubereitung

Die trockenen Zutaten vermischen und mit dem lauwarmen Wasser zu einem weichen Teig verrühren. Den Teig im Kühlschrank 3-12 Stunden zugedeckt ruhen lassen. Je länger der Teig ruht, desto besser kann sich sein feines Aroma ausbilden. Die relativ hohe Wassermenge sorgt dafür, dass sich der Teig im Kühlschrank gut entwickeln kann und grobe Poren bekommt. Das ist typisch für ein französisches Baguette.

Auf einer bemehlten Fläche 3 Stränge aus dem Teig formen. Am einfachsten geht das auf einem Teigbrett. Danach die Stränge auf ein geöltes/mit Backpapier ausgelegtes Baguetteblech oder ein mit Backpapier ausgelegtes Backblech legen. Wenn du ein Baguetteblech verwendest, werden die Baguettes so rund, wie man sie aus Frankreich kennt. Sonst kann es sein, dass sie etwas mehr auseinanderlaufen. Im vorgeheizten Ofen backen.

Backzeit & Temperatur

- 5 Minuten bei 250 °C Heißluft mit viel Dampf
- Dampf nicht ablassen, aber Temperatur auf 220 °C zurückdrehen
- 25 Minuten bei 220 °C Heißluft mit Dampf fertig backen

Zutaten
für 3 Baguettes

250 g Weizenmehl T 480
250 g Weizenmehl T 700
11 g Salz
1 Pkg. Trockenhefe
350 g lauwarmes Wasser

1 Tuch zum Abdecken
evtl. 1 Teigbrett
1 Baguetteblech
(alternativ: 1 Backblech)

Uriges Gerstenbrot

Hallo Superfood! Forscher haben herausgefunden, dass das Gerstenkörnchen nicht nur für die Figur gut ist, sondern mit seinem hohen Beta-Glucan-Anteil auch typischen Zivilisationskrankheiten vorbeugen kann. Ein weiterer Pluspunkt: Gerste schmeckt einfach hervorragend!

Zutaten für 1 Brotlaib

200 g Gerstenmehl
200 g Weizenmehl T 700
200 g Roggenmehl T 960
100 g frischer Gerstensauerteig
(siehe Seite 45; alternativ: frischer Roggen- oder Weizensauerteig)
oder 20 g Trockensauerteig
(dann auch die Hefemenge auf 3/4 der Hefe erhöhen, in diesem Fall musst du die Wasserzugabe um ca. 70 g erhöhen)
10 g Gerstenbackmalz
13 g Salz
5 g frische Hefe
2 g Brotgewürz
310 g lauwarmes Wasser

Zubereitung

Alle Zutaten vermengen und zu einem Teig verkneten. Den Teig 25-30 Minuten gehen lassen.

Anschließend auf ein mit Backpapier ausgelegtes Blech legen, zu einem Laib formen und im vorgeheizten Backofen backen.

Backzeit & Temperatur

- 10 Minuten bei 220 °C Heißluft mit Dampf
- Dampf ablassen und Temperatur auf 200 °C zurückdrehen
- 20-30 Minuten bei 200 °C Heißluft ohne Dampf fertig backen

Tipp von der Müllerin

- Für dieses Rezept verwende ich am liebsten Gerstensauerteig. Er ist mild und stiehlt dem Gerstenmehl nicht die Geschmacksshow. Wenn du seinen kräftigen Geschmack gerne magst, kannst du auch Roggensauerteig verwenden.

Brot-Geschenke für dich und mich

Wellenbrot

Um die schönen Wellen ins Brot zu bringen, gibt es einen einfachen Trick: das richtige Verhältnis zwischen Wasser und Roggenmehl erwischen. Dann lässt sich die Oberfläche nämlich leicht formen und sie bleibt auch beim Backen stabil. Die Krume bleibt dabei saftig und die Wellen bringen eine knusprige Kruste.

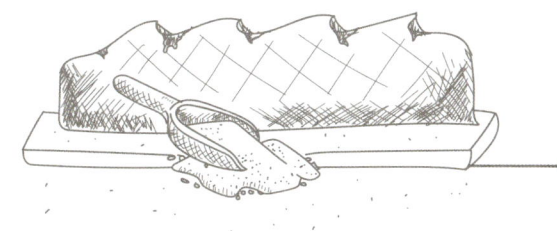

Zubereitung

Alle Zutaten außer der Trockenhefe 10 Minuten in der Küchenmaschine verkneten. Die Hefe erst kurz vor Ende der Mischzeit beimengen und noch ca. 5 Minuten gut mit den anderen Zutaten verkneten. Der Teig ist relativ weich.

Den Teig in eine geölte Kastenform geben und die Oberfläche mit feuchten Händen nach Wunsch formen (z.B. Wellen). Mit Wasser besprühen.

Den Backofen auf 26-30 °C einstellen und den Teig ca. 60 Minuten darin ruhen lassen. Manche Öfen haben ein eigenes Programm zum Gehenlassen - damit geht der Teig schneller auf. Wenn sich der Teig im Volumen verdoppelt hat (nach ca. 60 Minuten), kannst du den Ofen auf 200 °C drehen und das Brot backen.

Backzeit & Temperatur

- 45 Minuten bei 200 °C Heißluft mit Dampf

Zutaten für 1 Brotlaib

400 g Roggenvollkornmehl
150 g Roggenmehl T 960
50 g Weizenmehl T 1600
(alternativ: Weizenmehl T 700)
18 g Trockensauerteig
14 g Meersalz
440 g lauwarmes Wasser
2 Pkg. Trockenhefe

1 Kastenform

Grillbrot

Beim Grillen darf frisch gebackenes Brot auf keinen Fall fehlen. Große und kleine Lagerfeuerliebhaber können aus diesem Teig auch Stockbrot zaubern. Alle anderen: Teig in den Sandwichtoaster legen, zuklappen, backen und fertig.

Zutaten
für 11 Grillbrote

350 g Weizenmehl T 700
(alternativ: helles Dinkelmehl)
150 g Roggenmehl T 960
21 g frische Hefe
(alternativ: 1 Pkg. Trockenhefe)
14 g Salz
260 g lauwarmes Wasser

Zubereitung

Alle Zutaten vermischen und den Teig 15 Minuten ruhen lassen.

Dann vom Teig 11 Stücke zu je ca. 70 g abschneiden, die Stücke zu Kugeln formen und mit der Hand zu 0,5 cm dünnen Fladen flach drücken.

Die Fladen 15 Minuten gehen lassen. Danach die Teigstücke auf den Sandwichtoaster legen, zuklappen und 2-3 Minuten backen. Den Toaster musst du nicht einfetten.

Tipps von der Müllerin

- Du kannst das Brot auch am **Holzkohlegrill** backen. Dazu brauchst du einen Griller, der abgedeckt werden kann. Einen Schamottstein auf den Grillrost legen, heiß werden lassen und bei einer Grill-Innentemperatur von ca. 300-350 °C die Fladen auf den Stein legen und 2-3 Minuten backen. Danach wenden und nochmals ca. 2 Minuten backen.
- **Für Stockbrot am Lagerfeuer:** Forme aus einem Teigstück einen ca. 30 cm langen Strang und wickle ihn um eine in Alufolie gehüllte Holzstockspitze. Über die heiße Kohle halten und backen.

Dinkel-Gewürzbrot

Hast du schon einmal Brot mit Bertram und Galgant gekostet? Die Bertramwurzel wird fein gemahlen als Gewürz verwendet und Galgant ist ein Ingwergewächs. Die außergewöhnlichen Gewürze passen hervorragend zu herzhaften Suppen oder aromatischem Käse und wärmen deinen Körper von innen.

Zubereitung

Alle trockenen Zutaten vermischen, die Hefe darüber bröckeln und mit dem Wasser verkneten. Den Teig 30 Minuten mit einem feuchten Tuch abgedeckt ruhen lassen.

Anschließend nochmals durchkneten und in einer geölten Schüssel weitere 30 Minuten gehen lassen.

Den Teig auf ein mit Backpapier ausgelegtes Blech stürzen und mit Fenchelsamen bestreuen, bei Bedarf zuvor mit Wasser besprühen. Im vorgeheizten Ofen backen.

Backzeit & Temperatur

- 10 Minuten bei 230 °C Heißluft mit viel Dampf
- Dampf ablassen und Temperatur auf 200 °C zurückdrehen
- 40 Minuten bei 200 °C Heißluft ohne Dampf fertig backen

Zutaten für 1 Brotlaib

225 g Dinkelvollkornmehl
225 g Roggenmehl T 960
50 g Roggenvollkornmehl
3 g trockener Roggensauerteig
12 g Salz
1 g Galgant (1 Messerspitze)
1 g Bertram (1 Messerspitze)
21 g frische Hefe
(alternativ: 1 Pkg. Trockenhefe)
330 g lauwarmes Wasser
Fenchelsamen zum Bestreuen

1 Tuch zum Abdecken

Buchweizen-Blinis

Was für die Franzosen das Baguette ist, das sind für die Russen die Blinis. Die keksgroßen Mini-Brote werden in der Pfanne gebacken und eignen sich perfekt als belegte Appetizer: ob mit Räucherlachs und Kren-Dip, Parmaschinken und Ricotta oder einfach mit einem Salatblatt und Kräutersauce – köstlich!

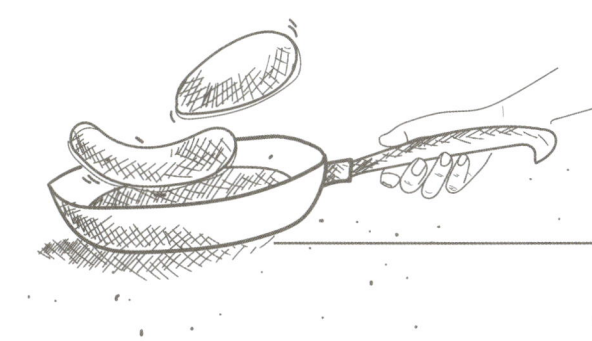

Zubereitung

Buchweizen-, helles Dinkel- und griffiges Dinkelmehl vermischen und die Hefe darüber bröckeln. Anschließend die zerlassene Butter und die lauwarme Milch einrühren.

Ei und Eigelb untermengen und den Teig glattrühren.

Eiweiße mit einer Prise Salz zu Schnee schlagen und vorsichtig unterheben. Den Teig 30 Minuten bei Raumtemperatur gehen lassen.

Backinfo

Öl in einer Pfanne erhitzen. Mit einem Löffel den Teig in die Pfanne setzen und beidseitig knusprig braun backen. Passe die Größe der Blinis an den geplanten Belag an.

Zutaten
für 10-15 Stück (je nach Größe)

130 g Buchweizenmehl
60 g helles Dinkelmehl
60 g griffiges Dinkelmehl
30 g frische Hefe
20 g zerlassene Butter
250 g lauwarme Milch
1 Ei
2 Eigelbe
2 Eiweiße
1 Prise Salz

Öl zum Backen in der Pfanne

Tipps von der Müllerin

- Bei den Burger-Brötchen dient der Sauerteig nur dem Geschmack. Hast du gerade keinen zu Hause, kannst du ihn einfach weglassen.
- Das Gleiche gilt für die gekeimten Körner: Hast du keine Zeit oder keine Lust darauf, lass sie einfach weg – das Rezept wird dir genauso gelingen. Der ungewöhnliche Charakter fehlt dann allerdings. Wie wär's zur Abwechslung mit schwarzen Brötchen? Gib dazu 10 g in etwas Wasser aufgelöste Aktivkohle (in der Apotheke erhältlich) in den Teig. Und voilà: Schon hast du hippe Brötchen, die deinen Burger bestimmt zum Star machen!

Burger-Brötchen
(mal anders)

etwas schwieriger

Mach deine Burger-Brötchen zu etwas ganz Besonderem: Bereite sie mit Sauerteig zu und mische gekeimte Körner in den Teig. Dann sind sie ein wahrer Energie-Booster!

Zubereitung

Die Hefe mit dem lauwarmen Wasser vermischen.

Danach das Eigelb, die weiche Butter, den Trockensauerteig und das Salz dazugeben und alles mit einem Schneebesen verrühren.

Nach und nach das Mehl und die gekeimten Körner unterrühren und alles zu einem geschmeidigen Teig verkneten. Sollte der Teig zu stark kleben, etwas Mehl dazugeben. Der Teig sollte aber nicht zu fest werden.

Den Teig in eine leicht geölte Schüssel legen, mit einem feuchten Tuch abdecken und bei ca. 28 °C ruhen lassen, bis sich sein Volumen ungefähr verdoppelt hat (ca. 30 Minuten).

Anschließend den Teig nochmals kurz durchkneten und in 10 gleich große Portionen mit je ca. 80 g teilen. Die Teiglinge zu Kugeln formen („schleifen") und auf einer leicht bemehlten Arbeitsfläche mit dem Handballen oder einem Nudelholz zu 1–1,5 cm dicken Fladen flach drücken.

Die Fladen auf ein mit Backpapier ausgelegtes Backblech legen, mit einem trockenen Tuch abdecken und nochmals ca. 30 Minuten gehen lassen, bis sich ihr Volumen fast verdoppelt hat.

Eigelb und Milch verquirlen und die Teiglinge damit bestreichen. Mit Sesam bestreuen und im vorgeheizten Ofen goldgelb backen.

Backzeit & Temperatur

- 15–18 Minuten bei 170 °C Heißluft

Zutaten
für ca. 10 Brötchen

21 g frische Hefe
230 g lauwarmes Wasser
1 Eigelb
25 g weiche Butter
15 g trockenen Weizensauerteig
10 g Salz
420 g Weizenmehl T 700
50 g gekeimte Körner
(von Einkorn, Emmer, Dinkel oder Weizen)
→ schau auf Seite 49

Zum Bestreichen:
1 Eigelb
3 EL Milch
Sesam zum Bestreuen

1 Schneebesen
2 Tücher zum Abdecken

Brot-Geschenke für dich und mich

Mühlviertler Kartoffelbrot

„Zitronen aus dem Norden" – so werden Kartoffeln im Mühlviertel auch genannt. Das Gebiet ist bekannt für seinen guten, nahrhaften Boden, der den Kartoffeln ihren köstlichen Geschmack schenkt. Auch im Brot macht sich die Knolle mehr als gut!

Zubereitung

Die geschälten Kartoffeln weichkochen, das Kochwasser auffangen. Kartoffeln abkühlen lassen und mit einem Stampfer fein zerdrücken oder durch ein Kartoffelsieb pressen.

Das Mehl und die weiteren Zutaten dazugeben und wenn möglich in der Küchenmaschine ca. 3-5 Minuten zu einem glatten Teig verkneten. Es ist wichtig, dass das Kartoffelwasser abgekühlt ist, um den Hefetrieb zu erhalten (ab 38 °C sterben die Hefepilze ab).

In einer bemehlten Schüssel oder einem Gärkörbchen den Teig mit einem feuchten Tuch abgedeckt gehen lassen, bis sich der Teig verdoppelt hat.

Anschließend den Teig zusammenschlagen und nochmals ca. 20 Minuten gehen lassen. Danach auf ein mit Backpapier ausgelegtes Backblech stürzen und im vorgeheizten Ofen backen.

Backzeit & Temperatur

- 10 Minuten bei 240 °C Heißluft mit Dampf
- Dampf ablassen und Temperatur auf 200 °C zurückdrehen
- 35 Minuten bei 200 °C Heißluft ohne Dampf fertig backen

Zutaten für 1 Brotlaib

400 g geschälte, mehlige Kartoffeln
500 g Weizenmehl T 700
22 g Salz
200 g abgekühltes Kartoffelwasser, max. 38 °C
21 g frische Hefe
1 EL Öl, z.B. Sonnenblumenöl

1 Gärkörbchen
(alternativ: 1 bemehlte Schüssel)
1 Tuch zum Abdecken

Housewarming-Brot

einfach

Brot und Salz: Das sind die traditionellen Geschenke zum Einzug. Sie sollen den Bewohnern symbolisch immer genügend Essen auf den Tisch und die nötige Würze ins Leben bringen.

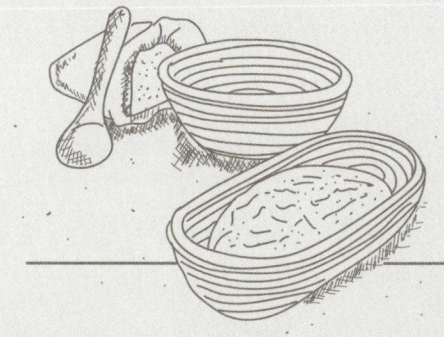

Zubereitung

Alle Zutaten in der Küchenmaschine zu einem geschmeidigen Teig verkneten. Erst 3 Minuten langsam, dann ca. 3 Minuten bei mittlerer Geschwindigkeit. Alternativ kann der Teig natürlich auch von Hand geknetet werden.

Den Teig in der Schüssel mit einem feuchten Tuch abdecken und ca. 30 Minuten gehen lassen. Danach nochmals durchkneten und in einem mit Mehl gestaubten länglichen Gärkörbchen nochmals ca. 30 Minuten gehen lassen.

Nach dem Gehenlassen den Teig auf ein mit Backpapier ausgelegtes Backblech stürzen, das Mehl auf der Teigoberfläche verstreichen und im vorgeheizten Ofen backen.

Backzeit & Temperatur

- 5 Minuten bei 250 °C Heißluft mit Dampf
- Dampf ablassen und Temperatur auf 190 °C zurückdrehen
- 35–40 Minuten bei 190 °C ohne Dampf fertig backen

Zutaten
für 1 Brotlaib

450 g Roggenmehl T 960
300 g helles Dinkelmehl
20 g Salz
20 g trockener Roggensauerteig
4 g Honig
1 g Brotgewürz
21 g frische Hefe
450 g lauwarmes Wasser

1 Tuch zum Abdecken
1 längliches Gärkörbchen
evtl. 1 Ritzmesser

Tipp von der Müllerin
- Für den persönlichen Touch kannst du das Brot mit einem Symbol einritzen, das zu den Beschenkten passt.

Brot-Geschenke für dich und mich

Wanderbrot

Weil das Wandern des Müllers (und der Müllerin) Lust ist, darf ein Brot mit diesem Namen in diesem Buch auf keinen Fall fehlen. Das Brot ist ideal für eine Tour, weil man es nicht schneiden muss – man kann es ganz einfach Stück für Stück abreißen und genießen.

Zutaten
für 1 Brotlaib

200 g helles Dinkelmehl
100 g Weizenmehl T 700
100 g Roggenmehl T 500 oder T 960
2 g Brotgewürz
9 g Salz
7 g Zucker
(alternativ: 1 TL Honig)
18 g Sonnenblumenöl
21 g frische Hefe
250 g lauwarmes Wasser

Zum Bestreichen:
50 bis 100 g Basilikumpesto, Bärlauchpesto oder zimmerwarme Kräuterbutter

1 Tuch zum Abdecken
1 Kastenform
1 Pizzaroller
(alternativ: 1 scharfes Messer)

Zubereitung

Alle trockenen Zutaten vermischen. Das Öl und die Hefe im Wasser aufschlämmen und mit den trockenen Zutaten zu einem geschmeidigen Teig verkneten (am besten in der Küchenmaschine).
Den Teig auf eine mit etwas Roggenmehl bestäubte Fläche geben, mit den Händen nochmals durchkneten und zu einem runden Laib formen.

Den Teig dann nochmals ca. 30 Minuten abgedeckt in der Schüssel gehen lassen, bis sich sein Volumen etwa verdoppelt hat.

Backzeit & Temperatur

- 30 Minuten bei 180 °C Heißluft

Tipp von der Müllerin

- Das Wanderbrot gibt's auch in süß! Mische dafür einfach 2 geraspelte Äpfel, 2 EL Rohzucker, etwas Zimt und 2 EL geriebene Nüsse und bestreiche den Teig damit.

Schritt für Schritt zum Wanderbrot:

Den Teig aus der Schüssel nehmen, durchkneten und zu einer Kugel formen.

Nun den Teig auf einer bemehlten Arbeitsfläche zu einem Quadrat von ca. 45 x 45 cm ausrollen ...

... und dünn mit Pesto bestreichen. Achte darauf, dass der Teig nicht auf der Arbeitsfläche klebt.

2-3 cm breite Streifen vom Teigquadrat abschneiden. Am einfachsten gelingt das mit einem Pizzaroller oder einem großen scharfen Messer.

Die Teigstreifen nebeneinander in die geölte Kastenform falten ...

... bis die Form mit den Teigstreifen voll ausgefüllt ist.

Am Schluss sieht das so aus.

 Bei Raumtemperatur nochmals 5-10 Minuten in der Form gehen lassen und anschließend in den vorgeheizten Ofen geben.

Steffis Ringbrot

Dieses Rezept habe ich für meine Mutter Stefanie kreiert. Sie hat früher zu Silvester immer ein großes, gefülltes Brot gemacht. Das Ringbrot ist ideal zum Teilen, Befüllen und Genießen: den Ring einfach horizontal durchschneiden und belegen und fertig ist dein selbstgemachtes Partybrot.

Zubereitung

Alle Zutaten in der Küchenmaschine 5 Minuten auf niedrigster und 3 Minuten auf mittlerer Stufe zu einem glatten Teig verkneten. Alternativ kannst du den Teig natürlich auch von Hand kneten.

30 Minuten gehen lassen und den Teig nochmals zusammenschlagen.

Danach den Teig auf ein bemehltes Teigbrett legen und 8 gleich schwere Teiglinge mit der Teigkarte abstechen.

Die Teiglinge rund formen, in Wasser tauchen, in Sesam wälzen und nacheinander ringförmig auf ein mit Backpapier belegtes Blech legen. Nochmals 20-30 Minuten gehen lassen und anschließend in den vorgeheizten Backofen geben.

Backzeit & Temperatur

- 30-35 Minuten bei 220°C Heißluft mit Dampf backen

Zutaten für 1 Ringbrot

400 g Dinkelmehl hell
(alternativ: Weizenmehl T 700)
400 g Einkornvollkornmehl
(alternativ: Dinkelvollkornmehl)
160 g Roggenvollkornmehl
640 g Wasser
5 g trockener Roggensauerteig
42 g frische Hefe
20 g Bio-Emmerbackmalz
27 g Salz
Wasser und Sesam zum Wälzen

Tipp von der Müllerin
- Statt Sesam kannst du auch Sonnenblumenkerne, Leinsamen, gehackte Kürbiskerne, Maisgrieß, Mohn oder Kleinblattflocken verwenden.

Rezepte zum Glücklichsein

So schmeckt das Wochenende

Buchweizenbrot mit Walnüssen

Ich liebe es, wenn im Spätherbst die Nüsse reif werden und ich damit köstliche Brote backen kann. Durch die Mischung aus Getreide, Buchweizen und Nüssen ist dieses Walnussbrot ein echtes Kraftpaket – perfekt, um uns für Herbst und Winter zu rüsten!

Zubereitung

Den Buchweizen mit 500 g Wasser ca. 20 Minuten leicht kochen (ohne Deckel), dabei mehrmals umrühren. Den Buchweizen abkühlen lassen.

Alle trockenen Zutaten vermischen, den gekochten Buchweizen und das Wasser dazu mischen und alles zu einem Teig verkneten. Den Teig ca. 30 Minuten rasten lassen und auf ein mit Backpapier ausgelegtes Blech stürzen. Im vorgeheizten Ofen backen.

Backzeit & Temperatur

- 10 Minuten bei 230 °C Heißluft mit Dampf
- Dampf ablassen und Temperatur auf 200 °C zurückdrehen
- 45–50 Minuten bei 200 °C ohne Dampf fertig backen

Zutaten
für 1 Brotlaib

285 g Buchweizen
200 g Roggenmehl T 960
50 g Roggenmehl T 2500
200 g Roggenvollkornmehl
200 g Weizenmehl T 700
50 g Amarantmehl
(alternativ: Weizenmehl T 700)
120 g Walnüsse
23 g Salz
1 Pkg. Trockenhefe
350 g Wasser

Rezepte zum Glücklichsein

Dinkel-Kamutbaguette

Im Frühling mit Butter und frischem Schnittlauch, im Sommer zu Grillspeisen, im Herbst zum Gulasch und im Winter mit Honig zum Tee: Dieses Baguette passt einfach immer! Die Kombination aus Dinkel- und Kamutmehl verleiht ihm eine besonders schöne, goldgelbe Farbe.

Zubereitung

Alle Zutaten vermischen und zu einem weichen Teig kneten. Den Teig mind. 3 bis max. 12 Stunden mit einem feuchten Tuch zugedeckt im Kühlschrank ruhen lassen. Je länger der Teig ruht, desto intensiver wird das Aroma.

Den Teig aus dem Kühlschrank nehmen und 3 gleich lange Stränge formen. Auf ein mit Backpapier ausgelegtes Blech legen und nach Belieben je dreimal auf der Oberfläche einritzen. Im vorgeheizten Ofen backen.

Backzeit & Temperatur

- 5 Minuten bei 250 °C Heißluft mit viel Dampf
- Dampf ablassen und Temperatur auf 220 °C zurückdrehen
- 20-25 Minuten bei 220 °C Heißluft ohne Dampf fertig backen

Zutaten für 3 Baguettes

400 g helles Dinkelmehl
100 g Kamutmehl
(alternativ: Kamutvollkornmehl)
11 g Salz
21 g frische Hefe
(alternativ: 1 Pkg. Trockenhefe)
350 g Wasser

1 Tuch zum Abdecken
evtl. 1 Ritzmesser

Kräuterbrot

Kräuter peppen einfach alles auf! Saucen, Butter, Pesto, Salz, Pasta und, und, und. Mein Highlight ist dieses feine Brot mit frischen Gartenkräutern. Schmeckt himmlisch mit frischem Aufstrich!

Zubereitung

Alle trockenen Zutaten mit dem Sauerteig, dem Öl, der Hefe und dem Wasser vermischen.

Die Kräuter waschen, klein hacken und in den Teig kneten. Den Teig 30 Minuten rasten lassen.

Anschließend den Teig nochmals durchkneten und in ein bemehltes Gärkörbchen geben. Nochmals ca. 30 Minuten gehen lassen.

Dann den Teig auf ein mit Backpapier ausgelegtes Blech stürzen und beliebig einschneiden. Im vorgeheizten Ofen backen.

Backzeit & Temperatur

- 15 Minuten bei 230 °C Heißluft mit viel Dampf
- Dampf ablassen und Temperatur auf 200 °C zurückdrehen
- 45 Minuten bei 200 °C Heißluft ohne Dampf fertig backen

Perfect Finish

Nimm dein Brot nach dem Backen aus dem Ofen und wische mit einem feuchten Tuch darüber oder besprüh es mit Wasser. Das Wasser verdampft sofort, zurück bleibt eine glänzende Kruste.

Zutaten für 1 Brotlaib

300 g Einkornvollkornmehl
(alternativ: Dinkelvollkornmehl oder Weizenmehl T 700)
200 g Roggenmehl T 960
500 g Weizenmehl T 700
3 g Roggenbackmalz
22 g Salz
100 g frischer Sauerteig
(siehe Seite 40-45)
20 g Öl (z.B. Olivenöl)
42 g frische Hefe
680 g lauwarmes Wasser
frische Kräuter, z.B. Petersilie, Schnittlauch, Basilikum, Dill, Kerbel, Estragon, ...
(alternativ: getrocknete Kräuter)

1 Gärkörbchen
evtl. 1 Ritzmesser

Kleiebrot mit Koriander

Ballaststoffe? Immer her damit! Sie machen satt, halten unseren Cholesterinstoffwechsel in Schuss und unseren Darm reinigen sie nebenbei auch noch. Dieses Brot ist sozusagen eine Ode an die Ballaststoffe: Es schmeckt, ist bekömmlich und ganz einfach und schnell gemacht.

Zutaten für 1 Brotlaib

100 g Dinkelkleie
(alternativ: Weizenkleie)
200 ml warmes Wasser
(ca. 50 °C)
150 g Roggenmehl T 960
225 g Ruchmehl
(alternativ: Weizenmehl T 700)
15 g trockener Roggensauerteig
13 g Salz
1 g gemahlener Koriander
(1 Messerspitze)
21 g frische Hefe
(alternativ: 1 Pkg. Trockenhefe)
225 g lauwarmes Wasser

1 Kastenform
1 Tuch zum Abdecken

Zubereitung

Die Dinkelkleie in das warme Wasser mischen und mit einem Löffel durchrühren, bis sich die Kleie gut mit dem Wasser verbunden hat. Etwa 15 Minuten stehen lassen, dabei 1-2 Mal durchrühren. Durch das Einweichen der Kleie in Wasser wird das Brot schön saftig.

In der Zwischenzeit die Mehle in einer Schüssel vermischen, Sauerteig, Salz und Koriander hinzufügen und anschließend die Kleiemischung, die Hefe und das lauwarme Wasser untermischen. Alles zu einem relativ feuchten Teig verkneten.

Den Teig in eine geölte Kastenform geben, mit einem feuchten Tuch abdecken und ca. 30 Minuten ruhen lassen. Im vorgeheizten Ofen backen.

Backzeit & Temperatur

- 7 Minuten bei 230 °C Heißluft mit viel Dampf
- Dampf ablassen und Temperatur auf 180 °C zurückdrehen
- 25-30 Minuten bei 180 °C Heißluft ohne Dampf fertig backen

Gerstenbaguette

e+ etwas schwieriger

Baguette mal anders! Früher habe ich jeden zweiten Abend Teig für ein frisches Baguette gerührt und am Morgen für das Frühstück fertig gebacken. Irgendwann hatte meine Familie aber Lust, den französischen Klassiker auch in anderer Form zu probieren: Das war die Geburtsstunde des Gerstenbaguettes.

Zutaten
für 3 Baguettes

Vorteig:
200 g Gerstenmehl
(alternativ: Vollkornmehl aus Dinkel, Weizen, Einkorn oder Emmer)
170 g lauwarmes Wasser

Hauptteig:
Vorteig
300 g Weizenmehl T 480
13 g Salz
1 Pkg. Trockenhefe
200 g kaltes Wasser

1 Tuch zum Abdecken

Zubereitung

Vorteig:

Mehl und Wasser gut verkneten und den Teig mit einem feuchten Tuch abgedeckt 8-12 Stunden bei Zimmertemperatur ruhen lassen.

Hauptteig:

Den Vorteig mit Weizenmehl, Salz, Hefe und Wasser gut verrühren (am besten in der Küchenmaschine). Den Teig im Kühlschrank 3-12 Stunden mit einem feuchten Tuch abgedeckt ruhen lassen.

Auf einer leicht bemehlten Fläche aus dem Teig 3 gleich schwere Stränge formen, auf ein mit Backpapier ausgelegtes Blech oder ein Baguetteblech legen und im vorgeheizten Backofen mit viel Dampf backen.

Backzeit & Temperatur

- ca. 30 Minuten bei 200 °C Heißluft mit viel Dampf

Tipps von der Müllerin

- Du sehnst dich nach dem Süden? Dann gib Zwiebel, Knoblauch, Oliven, usw. in den Teig und schon haben die Baguettes ein mediterranes Flair.
- 3 Stunden genügen zwar, damit das Baguette lecker wird, aber je mehr Zeit der Teig zum Reifen bekommt, desto besser können sich die Aromen ausbilden. Wenn du die Zeit hast, solltest du den Teig deshalb bis zu 12 Stunden ruhen lassen. Probiere es aus - du wirst den Unterschied schmecken!

Rezepte zum Glücklichsein

Sonntagsbrot

Wer liebt den Sonntag nicht? Ausschlafen, Zeit mit den Lieben verbringen, entspannen ... Was ich am Sonntag am liebsten mache: ausgiebig brunchen! Mein Sonntagstoast darf da natürlich nicht fehlen.

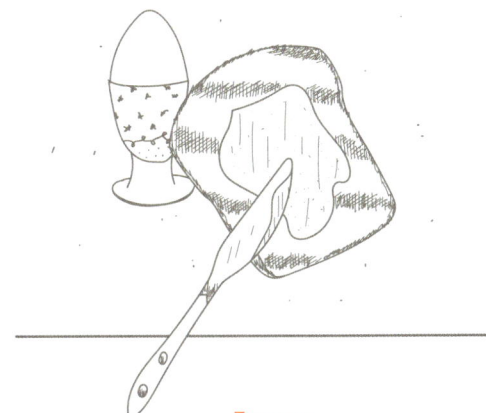

Zubereitung

Alle trockenen Zutaten vermischen und mit der weichen Butter, dem Eigelb und der Flüssigkeit zu einem geschmeidigen Teig verkneten (am besten mit der Küchenmaschine). Bei Bedarf noch etwas Wasser zugeben.

Den Teig mit der Hand nochmals kurz durchkneten und rund formen. In einer bemehlten oder geölten Schüssel zugedeckt 30–45 Minuten gehen lassen.

Den Teig in 2 gleich große Stücke teilen. Beide durchkneten, länglich einschlagen und nebeneinander in eine gut geölte Toastbackform legen. Den Deckel schließen und den Teig darin nochmals 30–45 Minuten gehen lassen. Wenn du keine Toastbackform hast, kannst du auch zwei kleinere Kastenformen verwenden und den Teig zum Gehenlassen mit einem Tuch abdecken. Beim Backen das Tuch entfernen.

Im vorgeheizten Ofen backen.

Backzeit & Temperatur

- 35–45 Minuten bei 210 °C Heißluft

Zutaten
für 1 Toastbrot
bzw. 2 kleinere Toastbrote

500 g Weizenmehl T 700
(alternativ: Weizenmehl T 480)
10 g frische Hefe
(alternativ: 1/2 Pkg. Trockenhefe)
5 g helles Backmalz
(aus Gerste oder Emmer)
10 g Salz
90 g weiche Butter
(alternativ: Pflanzenöl)
1 Eigelb
340 g Flüssigkeit
(Wasser, Milch oder Getreidedrink oder eine Mischung)

1 Tuch zum Abdecken
1 Toastbackform
(alternativ: 2 kleinere Kastenformen)

Roggen-Hafertoast

Meine Tochter isst gerne Toastbrot und liebt Hafer. Das war meine Motivation, dieses Rezept zu entwickeln. Der Weg von der Idee zum perfekten Toast war allerdings nicht ganz einfach – da wurde meine Küche zum Toast-Labor. Am Ende ist aber ein superköstliches, frisches Toastbrot herausgekommen. Das Geheimnis? Das helle Roggenmehl.

Zubereitung

Alle Zutaten in eine Schüssel geben und mit der Küchenmaschine ca. 3 Minuten bei langsamer und ca. 5 Minuten bei mittlerer Geschwindigkeit gut durchkneten. Den Teig in der Schüssel mit einem feuchten Tuch abgedeckt ca. 30 Minuten gehen lassen.

Nun aus dem Teig 2 gleich schwere Stücke abwiegen und zu länglichen Strängen formen. Die Stränge in die Toastwannen legen, den Deckel schließen und den Teig so lange gehen lassen, bis er 2 cm unter dem Formenrand ist. Dann im vorgeheizten Ofen backen.

Wenn du keine Toastbackform hast, kannst du auch 2 kleinere Kastenformen verwenden.

Vor dem Schneiden den Toast gut auskühlen lassen.

Backzeit & Temperatur

Mit geschlossener Toastform:
- 40 Minuten bei 210 °C Heißluft ohne Dampf

Mit Kastenform:
- 5 Minuten bei 210 °C Heißluft mit Dampf
- Dampf ablassen
- 35 Minuten bei gleicher Temperatur fertig backen

Zutaten
für 2 Toastbrote

- 580 g Roggenmehl T 500
- 140 g Hafermehl (aus gemixten Haferflocken)
- 270 g Weizenmehl T 700
- 630 g lauwarmes Wasser
- 40 g Butter
- 30 g Salz
- 10 g Gerstenbackmalz
- 42 g Hefe

- 1 Tuch zum Abdecken
- 2 Toastwannen (alternativ: 2 kleinere Kastenformen)

Rezepte zum Glücklichsein

Sonnenkranz

Ist das Wetter draußen nicht gar wonnig, mach's dir drinnen besonders sonnig …
Zum Beispiel mit einem Sonnenkranz, den du gemeinsam mit deinen Liebsten genießt. Dann macht dir das schlechte Wetter bestimmt nichts mehr aus.

Zutaten
für 1 Kranz

350 g Weizenvollkornmehl
(alternativ: Dinkelvollkornmehl)
120 g Roggenvollkornmehl
12 g Leinsamen
7 g Roggenbackmalz
10 g Salz
1 Pkg. Trockenhefe
300 g lauwarmes Wasser
Sesam zum Bestreuen

1 Tuch zum Abdecken
Pflanzenöl zum Ausstreichen
Glasschüssel mit
ca. 45 cm Umfang
1 Schere

Zubereitung

Alle Zutaten zu einem geschmeidigen Teig verkneten. Bei Bedarf noch etwas Wasser zugeben. Den Teig 30 Minuten in der Schüssel zugedeckt gehen lassen.

Backzeit & Temperatur

- 5 Minuten bei 220 °C Heißluft mit Dampf
- Dampf ablassen und Temperatur auf 200 °C zurückdrehen
- 30-35 Minuten bei 200 °C Heißluft ohne Dampf fertig backen

Tipp von der Müllerin
- Achte besonders darauf, dass der Sonnenkranz nicht zu dunkel gebacken wird!

Rezepte zum Glücklichsein

Schritt für Schritt zum Sonnenkranz:

Die Glasschüssel außen am oberen Rand einölen und verkehrt herum auf ein mit Backpapier ausgelegtes Blech stellen.

Den Teig zu einer ca. 45 cm langen Teigrolle formen, ...

... diese um die Glasschüssel legen und die Enden zusammendrücken.

Den Teig mit einer Schere einschneiden. So entstehen die Sonnenstrahlen.

Die Glasschüssel entfernen, ...

... die Sonnenstrahlen mit Wasser bestreichen ...

... und mit Sesam bestreuen.

Danach den Teig nochmals rund 30 Minuten abgedeckt gehen lassen, mit Wasser besprühen und im vorgeheizten Ofen backen.

Tiroler Bauernbrot

Ein echter Klassiker unter den Broten!
Durch das Vollkornmehl bekommt das Tiroler Bauernbrot eine kräftige Kruste und eine saftige, aromareiche Krume.

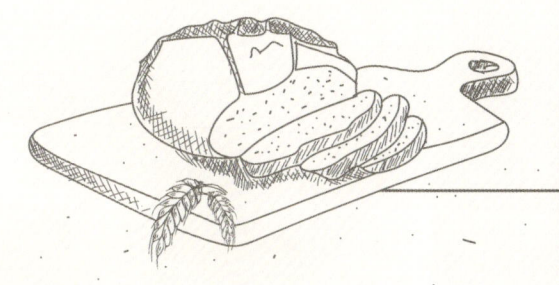

Zubereitung

Alle trockenen Zutaten vermischen und den Sauerteig unterrühren. Die Hefe im lauwarmen Wasser auflösen, den Honig dazugeben und mit den restlichen Zutaten zu einem Teig verkneten.

Den Teig zu einer Kugel formen und mit einem feuchten Tuch zugedeckt 30-45 Minuten gehen lassen.

Danach den Teig nochmals durchkneten, zu einer Kugel formen und ca. 30 Minuten im Gärkörbchen zugedeckt gehen lassen.

Anschließend auf ein mit Backpapier ausgelegtes Blech stürzen, mit reichlich Wasser besprühen und auf Wunsch mit einem Ritzmesser oder einem sehr scharfen glatten Messer den Teig einritzen. Im vorgeheizten Backofen backen.

Backzeit & Temperatur

- 10 Minuten bei 220 °C Heißluft mit Dampf
- Dampf ablassen und Temperatur auf 200 °C zurückdrehen
- 40-50 Minuten bei 200 °C ohne Dampf fertig backen

Perfect Finish

Nimm dein Brot nach dem Backen aus dem Ofen und wische mit einem feuchten Tuch darüber oder besprüh es mit Wasser. Das Wasser verdampft sofort, zurück bleibt eine glänzende Kruste.

Zutaten
für 1 Brotlaib

300 g Roggenvollkornmehl
450 g Weizenmehl T 700
20 g Salz
4 g Brotgewürz
225 g frischer Sauerteig
(siehe Seite 40-45)
7 g frische Hefe
450 g lauwarmes Wasser
14 g Honig (1 TL)

1 Tuch zum Abdecken
1 Gärkörbchen
evtl. 1 Ritzmesser
(alternativ: 1 scharfes Messer)

Rezepte für geübte Hände

Heute sind wir mutig

Dinkeltoast

Brotvielfalt ohne Dinkel? Undenkbar!
Damit deine Dinkel-Backwerke genau so frisch bleiben wie jene aus Weizen, braucht es allerdings eine gute Rezeptur, die viel Feuchtigkeit ins Brot bringt. Wenn du das Dinkel-Toastbrot ausprobieren möchtest, wäre etwas Backerfahrung nicht schlecht. Oder etwas Mut – spring über deinen Schatten, es lohnt sich!

Zutaten
für 1 Toastbrot
bzw. 2 kleinere Toastbrote

Tag 1: Vorteig
1 g frische Hefe
100 g lauwarmes Wasser
100 g helles Dinkelmehl

Tag 1: Brühstück
25 g helles Dinkelmehl
125 g kochendes Wasser

Tag 2: Hauptteig
8 g frische Hefe
160 g lauwarmes Wasser
Vorteig
Brühstück
375 g helles Dinkelmehl
10 g Salz

1 Tuch zum Abdecken
1 Mehlspachtel
Pflanzenöl zum Auspinseln
1 Wanne
1 Teigspachtel
1 Toastbackform bzw.
2 kleine Kastenformen
Mehl für die Arbeitsfläche

Zubereitung

Tag 1 – Vorteig
Die Hefe im lauwarmen Wasser auflösen und mit dem Dinkelmehl vermischen. In einem geschlossenen Behälter bei Zimmertemperatur bis zum nächsten Tag ruhen lassen.

Tag 1 – Brühstück
Das Mehl in einen kochwasserbeständigen Behälter geben, mit kochendem Wasser übergießen und mit einem kleinen Schneebesen glattrühren. Anschließend abkühlen lassen. Im Kühlschrank zugedeckt bis zum nächsten Tag ruhen lassen.

Weiter geht's mit Tag 2 auf der nächsten Seite.

Rezepte für geübte Hände

Tag 2 - Hauptteig

Die Hefe im lauwarmen Wasser auflösen, den Vorteig und das Brühstück dazu geben und kurz in der Küchenmaschine kneten.

Mehl und Salz dazugeben und für max. 5 Minuten langsam in der Küchenmaschine durchkneten lassen. Der Teig ist relativ klebrig und zäh.

Jetzt beginnt die Falt- und Ruhezeit: Den Teig mit einer nassen Mehlspachtel in eine mit Pflanzenöl ausgepinselte Wanne legen und mit nassen Händen oder öligen Fingerspitzen das obere Teigende nach unten schlagen, die rechte Seite zur linken Seite, die untere Seite nach oben schlagen und die linke Seite zur rechten Seite.

Den Teig 30 Minuten bei Zimmertemperatur gehen lassen und anschließend nochmals falten. Weitere 30 Minuten gehen lassen und ein letztes Mal falten. Falls der Teig länger braucht, um aufzugehen, kann die Ruhezeit verlängert werden. Nach dem letzten Falten muss der Teig 1 Stunde im Kühlschrank ruhen.

Anschließend den Teig mit einer Teigspachtel vorsichtig auf eine gut bemehlte Arbeitsfläche geben und 2 gleich große Kugeln formen. Die Kugeln in die Toastbackform geben und mit den Fingern gleichmäßig in der Form verteilen. Wenn du keine Toastbackform hast, kannst du auch 2 kleine Kastenformen verwenden.

Den Teig in der Form nochmals 40-50 Minuten bei Zimmertemperatur gehen lassen. Im vorgeheizten Ofen backen.

Backzeit & Temperatur

- 10 Minuten bei 220 °C Heißluft in der Form backen
- Temperatur auf 200 °C Heißluft zurückdrehen und das Brot in der Form 20 Minuten bei dieser Temperatur backen
- Das Brot aus der Form auf einen Gitterrost stürzen und 20 Minuten bei 200 °C Heißluft ohne Form fertig backen

Rezepte für geübte Hände

Die Vorteile von Vorteig

Vorteige werden zu Beginn der Teigbereitung hergestellt, oft sogar schon am Tag vor dem eigentlichen Backtag, deshalb eben Vor-Teig. Und warum? Durch die lange Ruhepause entfaltet dein Teig ein stärkeres Aroma. Er nimmt außerdem mehr Wasser auf und macht dein Brot so schön saftig.

**Und last but not least:
Dein Backwerk mit Vorteig
bleibt länger frisch!**

Nicht ohne Brühstück aus dem Haus

In der Brüh – äh Früh – soll man ja bekanntlich viel Wasser trinken. Beim Brühstück ist das nicht anders: Hier wird das Mehl mit kochendem Wasser übergossen und gut verrührt. Durch diesen Prozess werden die Stärkekörnchen vom Mehl aufgebrochen und der Teig kann mehr Wasser aufnehmen und auch binden. Somit bleibt das Brot nach dem Backprozess soft und saftig und außerdem noch länger frisch.

**Also in Zukunft: Brühstück
für einen perfekten Frühstückstoast.**

Kürbisbrot

Gefunden: Ein Brot, das überall dazu passt!
Das Kürbisbrot schmeckt wunderbar und ist ideal für Jausen, Salate, Suppen und, und, und! Die Zubereitung ist etwas anspruchsvoll, aber man wächst ja schließlich mit seinen Herausforderungen, oder!? Gutes Gelingen!

Zubereitung

Kürbis schälen, klein würfeln und zugedeckt bei kleiner Hitze in ca. 10 Minuten weichdünsten.

In der Zwischenzeit die Kürbiskerne waschen und in einer Pfanne ohne Öl goldbraun rösten.

Anschließend die gedünsteten Kürbiswürfel mit dem Stabmixer pürieren und das Püree etwas abkühlen lassen. Noch lauwarm mit Honig, Butter und dem Ei verrühren.

Nun die beiden Mehlsorten in eine große Schüssel geben, in der Mitte eine Grube formen, die Hefe hinein bröckeln und mit etwas Mehl vom Rand vermischen. Dann das dem lauwarmen Wasser zugeben und alles mischen. Den Teig 30 Minuten rasten lassen.

Danach die Kürbismischung, die Kürbiskerne und das Salz in die Schüssel geben und alles zu einem glatten Teig verkneten. Den Teig zugedeckt an einem warmen Ort mindestens 30 Minuten gehen lassen, bis sich sein Volumen etwa verdoppelt hat.

Anschließend den Teig nochmals kurz durchkneten und in eine geölte Kastenform geben. Weitere 10 Minuten gehen lassen, mit Wasser besprühen und im vorgeheizten Ofen backen.

Backzeit & Temperatur

- 40 Minuten bei 180 °C Heißluft mit Dampf

Zutaten für 1 Brotlaib

230 g Hokkaido-Kürbis
80 g frische Kürbiskerne
30 g Honig
30 g Butter
1 Ei
200 g Weizen-Vollkornmehl
200 g Dinkelmehl
21 g frische Hefe
50 g lauwarmes Wasser
13 g Salz

1 Kastenform
Pflanzenöl zum Einfetten

Rezepte für geübte Hände

Zweifarbiges Knopfbrot

Das Auge isst bekanntlich mit - deshalb sorgen wir mit diesem Brot für etwas Abwechslung! Das zweifärbige Knopfbrot ist ein Appell an alle Brot-Profis und solche, die es werden möchten!

Zubereitung

Die trockenen Zutaten vermischen. Wasser, Wein und Sonnenblumenöl mit der Hefe aufschlämmen und mit den anderen Zutaten ca. 5 Minuten zu einem geschmeidigen Teig verkneten. Wenn nötig noch etwas Wasser dazugeben.

Den Teig mit einer Teigkarte in 2 Stücke zu je ca. 870 g teilen. In ein Stück mit der Küchenmaschine oder dem Mixer das Kürbiskernöl einkneten.

Den weißen und den grünen Teig in getrennten Schüsseln mit je einem feuchten Tuch abdecken und ca. 30 Minuten gehen lassen. Danach beide Teige separat nochmals durchkneten und weitere 30 Minuten zugedeckt gehen lassen.

Anschließend nochmals zusammenschlagen und ein letztes Mal 30 Minuten gehen lassen.

Beide Teige in 2 gleich große Stücke teilen (ein Stück hat ca. 435 g), sodass nun 2 grüne und 2 weiße Teigstücke zum Verarbeiten vorhanden sind (jeweils 1 davon pro Knopfbrot).

Wenn dein Teig gut ausgeruht ist, kann es auf der nächsten Seite weitergehen.

Zutaten
für 2 Knopfbrote

150 g Roggenmehl T 960
200 g Weizenmehl T 700
650 g helles Dinkelmehl
Type 900
(alternativ: Weizenmehl T 700)
30 g Trockensauerteig
25 g Salz
500 g kaltes Wasser
150 g Wein
30 g Sonnenblumenöl (3 EL)
21 g frische Hefe
(alternativ: 1 Pkg. Trockenhefe)
3 EL Kürbiskernöl zum
Einfärben
Roggenmehl T 960 zum
Bemehlen und Ausarbeiten

1 Teigkarte
2 Tücher zum Abdecken

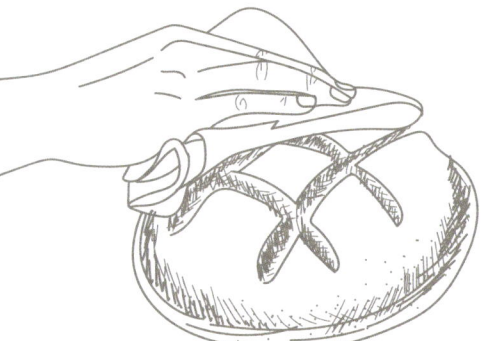

Backzeit & Temperatur

- 3 Minuten bei 230 °C Heißluft mit viel Dampf backen
- Dampf mind. 30 Sekunden ablassen, damit das Knopfbrot nicht aufreißt, und das Brot weitere 7 Minuten bei gleicher Temperatur ohne Dampf backen
- Temperatur auf 190 °C Heißluft zurückdrehen
- 35-45 Minuten bei 190 °C Heißluft fertig backen

Perfect Finish

Nimm dein Brot nach dem Backen aus dem Ofen und wische mit einem feuchten Tuch darüber oder besprüh es mit Wasser. Das Wasser verdampft sofort, zurück bleibt eine glänzende Kruste.

Schritt 1-6 ...

Forme aus dem grünen Teig 3 gleich lange Stränge und lege sie waagrecht auf die Arbeitsplatte.

Forme aus dem weißen Teig 3 gleich lange Stränge.

Beginne nun, die weißen Stränge in die grünen einzuflechten ...

... und rücke die Stränge ganz nah aneinander.

Mache das mit allen ...

... 3 weißen Teigsträngen.

Rezepte für geübte Hände

... und Schritt 7–12 zum Knopfbrot:

Knöpfe die Enden der weißen Stränge auf beiden Seiten zusammen ...

... und mach dasselbe mit den Enden der grünen Stränge.

Das schaut dann so aus.

Falte jetzt die gezopften Enden ...

... eines nach dem anderen unter das Brot.

Und fertig ist das farbenfrohe Knopfbrot!

 Den Vorgang mit den anderen Teigteilen wiederholen, sodass du am Ende 2 Knopfbrote hast. Beide Brote auf ein mit Backpapier ausgelegtes Blech legen, mit einem Tuch abdecken und 30 Minuten gehen lassen. Anschließend mit Wasser besprühen und im vorgeheizten Ofen backen.

Bestes Sauerteigbrot

Sauer macht lustig und Sauerteigbrot macht glücklich! Sauerteig selbst herzustellen ist eine wunderbare Beschäftigung, für die man nur Mehl und Wasser, Zeit und Wärme braucht. Was man dafür bekommt: Brot mit einem unvergleichbaren Geschmack.

Zubereitung

Alle Zutaten vermischen und zu einem Teig verkneten. Der Teig soll sich vom Schüsselrand lösen und eine glatte Oberfläche haben.

Den Teig ca. 30 Minuten mit einem feuchten Tuch zugedeckt gehen lassen. Danach nochmals kurz durchkneten, zu einer Kugel formen und in ein bemehltes Gärkörbchen legen. Dort den Teig nochmals ca. 30 Minuten ruhen lassen.

Anschließend den Teig auf ein mit Backpapier ausgelegtes Blech stürzen und im vorgeheizten Backofen backen.

Backzeit & Temperatur

- 10 Minuten bei 230 °C Heißluft mit Dampf
- Dampf ablassen und Temperatur auf 200 °C zurückdrehen
- 30 Minuten bei 200 °C Heißluft ohne Dampf fertig backen

Zutaten für 1 Brotlaib

350 g Weizenmehl T 700
(alternativ: helles Dinkelmehl)
350 g Roggenmehl T 960
100 g frischer Sauerteig, z.B. Roggensauerteig (siehe Seite 41)
20 g Roggenbackmalz
22 g Salz
5 g frische Hefe
2 g Brotgewürz
360 g lauwarmes Wasser

1 Gärkörbchen
1 Tuch zum Abdecken

Tipp von der Müllerin

- Verwende für dieses Brotrezept am besten deinen Lieblingssauerteig. Inspiration findest du auf den Seiten 41–45!

Graham ist feiner Weizenvollkornschrot. Damit sich ein Brot „Grahambrot" nennen darf, muss es mindestens zu 50 % aus dem Schrot bestehen. Streng genommen darf der Schrot nur aus Weizenvollkorn sein, aber da viele Menschen Dinkel besser vertragen, gebe ich Schrot aus diesem Korn als Alternative an.

Grahambrot

Zubereitung

Sauerteig:

Die Zutaten für den Sauerteig klümpchenfrei vermischen und abgedeckt bei 26-28 °C 12-24 Stunden reifen lassen.

Vorteig:

Die Zutaten für den Vorteig verkneten und abgedeckt 2 Stunden bei Raumtemperatur gehen lassen. Über Nacht im Kühlschrank ruhen lassen. Den Teig am Backtag rechtzeitig aus dem Kühlschrank nehmen, damit er Raumtemperatur bekommt.

Hauptteig:

Die Hefe in ca. 55 g Wasser auflösen und den Grahamschrot dazugeben. Die übrigen Zutaten mit den restlichen 100 g Wasser vermischen und alles in der Küchenmaschine ca. 6 Minuten langsam und 5 Minuten schnell zu einem geschmeidigen Teig verkneten.

Den Teig ca. 30 Minuten in der Rührschüssel gehen lassen, danach nochmal 2 Minuten schnell kneten. So nimmt der Schrot das Wasser auf und das Brot bleibt beim Backen saftig.

Den Teig nochmals 20 Minuten rasten lassen.

Anschließend den Teig auf eine bemehlte Arbeitsfläche geben und kurz durchkneten. Einen Strang für die Kastenform formen und in Weizenschrot wälzen.

Den Teig in eine geölte Kastenform legen und mit einem feuchten Tuch abgedeckt 45-60 Minuten bei ca. 32 °C gehen lassen. Bei Bedarf in ein warmes Wasserbad oder zum Heizkörper oder mit einer Wärmflasche in den kalten Backofen stellen.

Nun das Brot mit Wasser besprühen und im vorgeheizten Backofen backen.

Backzeit & Temperatur

- 15 Minuten bei 240 °C Heißluft mit viel Dampf
- Dampf ablassen und Temperatur auf 200 °C zurückdrehen
- 45 Minuten bei 200 °C Heißluft ohne Dampf fertig backen

Zutaten für 1 Brotlaib

Sauerteig
70 g Grahamschrot (alternativ: feiner Dinkelschrot oder Dinkelvollkornmehl)
140 g lauwarmes Wasser
1 g frische Hefe

Vorteig
280 g Grahamschrot (alternativ: feiner Dinkelschrot oder Dinkelvollkornmehl)
5 g Salz
1 g frische Hefe
195 g lauwarmes Wasser

Hauptteig
21 g frische Hefe
155 g lauwarmes Wasser
350 g Grahamschrot (alternativ: feiner Dinkelschrot oder Dinkelvollkornmehl)
14 g Backmalz
7 g Salz
Sauerteig
Vorteig

Weizen- oder Dinkelschrot zum Wälzen
1 Kastenform
1 Tuch zum Abdecken

Saftiges Einkornbrot

sei mutig

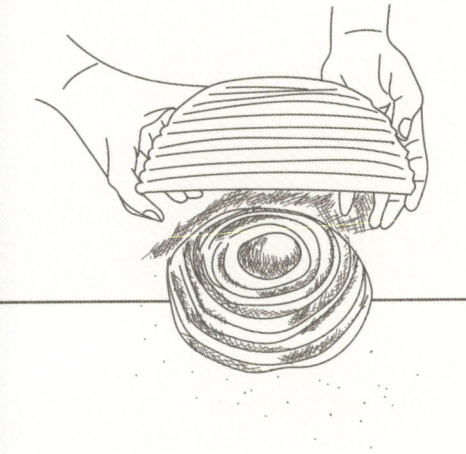

Mein Geheimtipp, damit dein Brot aus Dinkel, Einkorn und Emmer beim Backen nicht trocken wird: selbst gemachter Sauerteig. Der sorgt dafür, dass das Wasser gut im Brot gebunden wird – so bleibt das Brot länger frisch.

Zutaten
für 1 Brotlaib

220 g Einkornvollkornmehl
(am besten steinvermahlen)
280 g helles Dinkelmehl
11 g Salz
150 g frischer Einkornsauerteig
(siehe Seite 44)
200 g Wasser

1 Gärkörbchen
1 Tuch zum Abdecken
evtl. 1 Ritzmesser

Zubereitung

Alle Zutaten zu einem geschmeidigen Teig verarbeiten und zugedeckt in der Schüssel 30 Minuten gehen lassen.

Den Teig nochmals durchkneten, in ein Gärkörbchen geben und dort weitere 30–45 Minuten zugedeckt gehen lassen, bis er sein Volumen etwa verdoppelt hat.

Den Teig auf ein mit Backpapier ausgelegtes Blech stürzen und nach Belieben einritzen. Im vorgeheizten Ofen backen.

Backzeit & Temperatur

- 10 Minuten bei 220 °C Heißluft mit viel Dampf
- Dampf ablassen und Temperatur auf 200 °C zurückdrehen
- 35–45 Minuten bei 200 °C Heißluft ohne Dampf fertig backen

Rezepte für geübte Hände

Körnerbrot

Für dieses **herzhafte Körnerbrot** röste ich die Sonnenblumen- und Kürbiskerne leicht an, dadurch entsteht ein ganz besonderes Aroma. Das Brühstück sorgt dafür, dass die Stärke aufquillt und das Brot lange frisch und saftig bleibt.

Zubereitung

Brühstück:

Die trockenen Zutaten für das Brühstück in einer Schüssel vermischen. Mit dem kochenden Wasser übergießen und verrühren. Ca. 20 Minuten ziehen lassen, dabei mehrmals umrühren.

Hauptteig:

Sonnenblumen- und Kürbiskerne in einer Pfanne ohne Fett bei mittlerer Temperatur knusprig rösten.

Alle weiteren Zutaten für den Hauptteig gut mit dem Brühstück und den gerösteten Saaten vermischen und in der Küchenmaschine auf niedrigster Stufe max. 5 Minuten kneten.

Danach die Schüssel mit einem feuchten Küchentuch abdecken und den Teig ca. 30 Minuten gehen lassen.

Anschließend nochmals durchkneten, in eine geölte Kastenform legen und weitere 30 Minuten gehen lassen, bis sich das Volumen etwa verdoppelt hat. Das Brot im vorgeheizten Ofen backen

Vor dem Anschneiden das Brot gut abkühlen lassen.

Backzeit & Temperatur

- 10 Minuten bei 250 °C Heißluft mit Dampf
- Dampf ablassen und Temperatur auf 220 °C zurückdrehen
- 40 Minuten bei 220 °C Heißluft ohne Dampf fertig backen

Zutaten für 1 Brotlaib

Brühstück
75 g 5-Korn-Flocken
70 g Leinsamen
45 g Maisgrieß
8 g Salz
300 g kochendes Wasser

Hauptteig
50 g Sonnenblumenkerne
50 g Kürbiskerne
Brühstück
160 g Weizenmehl T 700
170 g Dinkelvollkornmehl
30 g Roggenvollkornmehl
100 g Wasser
8 g frische Hefe
1 Eiweiß
20 g Sonnenblumenöl

1 Tuch zum Abdecken
1 Kastenform

Rezepte für geübte Hände

Hier geht es knusprig-informativ weiter:
der Anhang.

Anhang

Jetzt ist es an der Zeit, *Danke* zu sagen.

Ich bedanke mich bei allen Menschen, die mich beim Schreiben meines Buch-Erstlings unterstützt haben. Dabei möchte ich als erstes meiner Mama Stefanie, eine leidenschaftliche Brioche- und Brotbäckerin sowie Köchin, für ihre wertvollen Tipps und ihre Unterstützung danken. Ebenso meinem Papa Franz, der immer wieder sein Bestes in der Mühle gab, mir die Getreidequalitäten nähergebracht hat und mich zur Herstellung von gesunden Backmischungen animierte.

Ich bedanke mich herzlich bei allen für das Zurverfügungstellen von Fotorequisiten:

› Messer zum Ritzen von Teigen
   www.schnitt-holz.com
› Brotdose mit Getreideähren aus Keramik
   www.diebrotdose.at
› Leinentücher, Bäckerleinen, Leinenbrotsäcke
   www.vieboeck.at
› Brotmesser Marke GÜDE, Bretter sowie Brotdose mit Holzdeckel
   www.stillsegler.com
› Schüsseln, Bretter, Besteck
   www.monalorenz.at
› Bretter, Töpfe
   www.rosenfellner.at

Weiteres Wissen über die Müllerei, Labor, Getreide, Vermahlung, Mehle und einiges mehr habe ich von meinen Lehrern in der Müllerschule in Wels (Oberösterreich), die ich von 1987-1992 besucht habe, erhalten. Ich danke ihnen aufrichtig für die gute Ausbildung. Zum damaligen Zeitpunkt war weder meinen Lehrern und Ausbildern noch mir bewusst, dass ich jemals ein Buch über Brotbacken schreiben würde.

Ein herzliches Dankeschön spreche ich auch meiner lieben Tochter Lucia aus, die über Wochen eine mit sehr vielen Zutaten volle Küche miterlebte und mir ihre ehrliche Meinung zu den Backwerken mitteilte.

Was wäre eine Mühle ohne Getreide! So sage ich danke an unsere Landwirte, die uns jedes Jahr mit sehr guten Qualitäten versorgen und darauf achten, dass der Boden gesund bleibt und das Getreide gut wachsen kann. Insbesondere danke ich der Familie Aichberger und Markus Schweizer, die uns ihre Felder für das Fotoshooting mit Mona Lorenz zur Verfügung gestellt haben. Danke Mona, für deine Kreativität bei den Brotfotos und deine Hingabe, alles ins rechte Licht zu rücken. Es war eine große Freude, mit dir zu arbeiten.

Und da sind natürlich noch meine Mitarbeiter, bei denen ich mich herzlich bedanke. Ich schätze euren täglichen Einsatz und eure Selbständigkeit, wie ihr tatkräftig in der Mühle weitergearbeitet habt, während ich dieses Buch geschrieben habe oder beim Fotoshooting war. Es ist schön mit euch zusammenzuarbeiten!

Zu guter Letzt ein herzliches Danke an alle Mitarbeiterinnen vom Löwenzahn Verlag - Anita, Ana, Katharina und Magdalena - sowie allen anderen, die nach dem Schreiben noch für das Buch tätig sein werden. Ich schätze eure Hilfestellungen und Informationen rund ums Schreiben eines Buches und habe mit euch die Welt des Bücherschreibens kennengelernt. Durch eure Unterstützung wurde ein schönes, interessantes und lebendiges Buch geboren.

Ich danke euch von ganzem Herzen!

Eure Monika

Alphabetisches Rezeptregister

Basenbrot	89
Bestes Sauerteigbrot	161
Buchweizen-Blinis	121
Buchweizenbrot mit Walnüssen	133
Burger-Brötchen (mal anders)	123
Dinkel-Buchweizenbrot	67
Dinkelciabatta mit Rosmarin	109
Dinkel-Gewürzbrot	119
Dinkel-Kamutbaguette	135
Dinkel-Roggenbrot	73
Dinkeltoast	151
Eiweißbrot	91
Fastenbrot	92
Französisches Baguette	111
Gerstenbaguette	140
Glutenfreies Buchweizenbrot	95
Grahambrot	163
Grillbrot	116
Hanfbrot	106
Hefefreies Haferbrot	103
Housewarming-Brot	127
Keimlingsbrot	97
Klassisches Bauernbrot	75
Kleiebrot mit Koriander	138
Knuspriges Krustenbrot	71
Körnerbrot	167
Kräuterbrot	137
Kürbisbrot	155
Mühlenbrot	65
Mühlviertler Kartoffelbrot	125
Pfannenbrot	81
Ratzfatz-Brot	79
Reines Roggenbrot	68
Roggen-Hafertoast	145
Saatenbrot	100
Saftiges Einkornbrot	164
Schnelle Brötchen	76
Sechs-Körner-Brot	99
Sonnenkranz	146
Sonntagsbrot	143
Steffis Ringbrot	131
Tiroler Bauernbrot	149
Topfenbrot (Quarkbrot)	82
Uriges Gerstenbrot	113
Urkornbrot	105
Vorschussbrot	87
Wanderbrot	128
Wellenbrot	115
Zweifarbiges Knopfbrot	157
Zwiebelbrot mit Kardamom	85

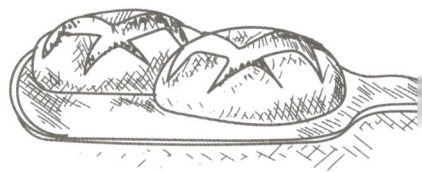

Rezeptregister nach Teigen ...

... mit Sauerteig

Bestes Sauerteigbrot	161
Burger-Brötchen (mal anders)	123
Glutenfreies Buchweizenbrot	95
Grahambrot	163
Klassisches Bauernbrot	75
Kleiebrot mit Koriander	138
Kräuterbrot	137
Saftiges Einkornbrot	164
Tiroler Bauernbrot	149
Uriges Gerstenbrot	113

... ohne Hefe

Eiweißbrot	91
Fastenbrot	92
Hefefreies Haferbrot	103
Ratzfatz-Brot	79
Saftiges Einkornbrot	164
Schnelle Brötchen	76

... mit Hefe

Basenbrot	89
Buchweizen-Blinis	121
Buchweizenbrot mit Walnüssen	133
Dinkel-Buchweizenbrot	67
Dinkelciabatta mit Rosmarin	109
Dinkel-Gewürzbrot	119
Dinkel-Kamutbaguette	135
Dinkel-Roggenbrot	73
Dinkeltoast	151
Eiweißbrot	91
Fastenbrot	92
Französisches Baguette	111
Gerstenbaguette	140
Grillbrot	116
Hanfbrot	106
Housewarming-Brot	127
Keimlingsbrot	97
Knuspriges Krustenbrot	71
Körnerbrot	167
Kürbisbrot	155
Mühlenbrot	65
Mühlviertler Kartoffelbrot	125
Pfannenbrot	81
Ratzfatz-Brot	79
Reines Roggenbrot	68
Roggen-Hafertoast	145
Saatenbrot	100
Schnelle Brötchen	76
Sechs-Körner-Brot	99
Sonnenkranz	146
Sonntagsbrot	143
Steffis Ringbrot	131
Topfenbrot (Quarkbrot)	82
Urkornbrot	105
Vorschussbrot	87
Wanderbrot	128
Wellenbrot	115
Zweifarbiges Knopfbrot	157
Zwiebelbrot mit Kardamom	85

Rosenfellner Brotbackschule

Dein Sauerteig blubbert nicht so eifrig, wie er eigentlich sollte? Du traust dich nicht über dein erstes Brotback-Projekt hinaus, weil du noch nie selbst Brot gebacken hast? Oder bist du schon sehr backerfahren, lebst aber nach dem Motto: Man lernt nie aus? Egal, welcher Brotback-Typ du bist, in der Rosenfellner Mühle bist du auf jeden Fall genau richtig. Besuch doch einen Kurs in unserer Brotbackschule und erfahre alles Wissenswerte über alte Getreidesorten, die Mehlvielfalt, alte Mühlengeheimnisse und natürlich: über das Brotbacken. Ob Anfänger, fortgeschritten, Sauerteig-Junkie, hefeverliebt oder Outdoor-Cook – in der Rosenfellner Brotbackschule gibt es unzählige Möglichkeiten, sich mit dem Thema Brotbacken zu beschäftigen. Du findest außerdem Kurse zu allen Themen: Bring deinen Sauerteig zum Blubbern, entdecke deine Leidenschaft zum Outdoor-Backen unter freiem Himmel oder werde zum Liebhaber schmackhafter Getreidesorten für ein wohltuendes Bauchgefühl. Reinschauen, anmelden und mitbacken!

Die Seminartermine findest du auf
www.rosenfellner.at oder direkt in der Mühle.

Kontaktdaten:
Rosenfellner Mühle & Naturkost GmbH
An der Bahn 9, 3352 St. Peter in der Au
Österreich

Telefon: +43 (0) 74 77 / 42 34 380
muehlenladen@rosenfellner.at

Literaturnachweis

FAOSTAT
www.fao.org

Illustration „Der Kreislauf von sortenfestem Saatgut":
nach einer Vorlage von Vosshans, Benjamin:
Heute ernten, morgen säen
Kreo. Das Biomarkt Magazin,
Rottweil, Ausgabe 01/2019.

Küster, Hansjörg:
Korn: Kulturgeschichte des Getreides
Salzburg, Verlag Anton Pustet, 1999.

Miedaner, Thomas:
Unterschätzte Getreidearten:
Einkorn, Emmer, Dinkel & Co.
Agrimedia, 2012.

Schuppan, Detlef; Gisbert-Schuppan, Kristin:
Tägliches Brot: Krank durch Weizen, Gluten und ATI.
Berlin Heidelberg New York, Springer-Verlag, 2018.

Uni Hohenheim
www.uni-hohenheim.de

www.zeno.org

Impressum

Löwenzahn-Bücher werden auf höchstem ökologischen Standard gedruckt, ausschließlich mit Substanzen, die wieder in den biologischen Kreislauf rückgeführt werden können. Cradle to Cradle™-zertifiziert by gugler*, klimapositiv, auf Papier, das in Österreich produziert wurde, und ohne Plastikfolie, die dein Lieblingsbuch unnötig einhüllt - für unsere Umwelt und unsere Zukunft.

2. Auflage

© 2020 by Löwenzahn in der Studienverlag Ges.m.b.H.,
Erlerstraße 10, A-6020 Innsbruck
E-Mail: loewenzahn@studienverlag.at
Internet: www.loewenzahn.at

Konzept: **Löwenzahn Verlag** | Katharina Schaller, Ana Rodrigues
Projektleitung: **Löwenzahn Verlag** | Sandra Gründhammer
Lektorat: **Löwenzahn Verlag** | Magdalena Schweissgut

Umschlag- und Buchgestaltung sowie grafische Umsetzung:
Monika Prast — www.monikaprast.at
Illustrationen:
alle **Monika Prast**, außer **Dmitry Lampy** | **Shutterstock** (S. 14, 19, 20, 26, 37, 95, 100, 111, 113, 128, 168, 169, 176)

Fotografien:
alle **Mona Lorenz** — www.monalorenz.at,
außer **Sonja Priller** (S. 172/173)

Leinenhintergrund:
Annie Spratt | **Unsplash** (S. 6, 10, 12, 26, 30, 168)

Bibliografische Information Der Deutschen Bibliothek
Die Deutsche Bibliothek verzeichnet diese Publikation in der Deutschen Nationalbibliografie; detaillierte bibliografische Daten sind im Internet über <http://dnb.dnb.de> abrufbar.

ISBN 978-3-7066-2669-9

Alle Rechte vorbehalten. Kein Teil des Werkes darf in irgendeiner Form (Druck, Fotokopie, Mikrofilm oder in einem anderen Verfahren) ohne schriftliche Genehmigung des Verlages reproduziert oder unter Verwendung elektronischer Systeme verarbeitet, vervielfältigt oder verbreitet werden.

Umschlag und Bindung ausgenommen
www.gugler.at

Gedruckt nach der Richtlinie „Druckerzeugnisse" des Österreichischen Umweltzeichens. gugler* print, Melk, UWZ-Nr. 609, www.gugler.at